# 引き寄せの法則の「その先」へ

## 引き寄せ難民にならないための
## 大事な気づき

Be Natural

引き寄せの法則マスター
Shinji

ライトワーカー

# 引き寄せの法則の「その先」へ●目次


はじめに　7

## 第1章　「引き寄せの法則の『その手前』」

引き寄せの法則はシンプル　12
世界はわたしたちの引き寄せでできている　16
なぜ苦しみばかりが現実化するのか　19
なぜ不平等な社会は生まれるのか　24
なぜ引き寄せの法則を知っても人生は変わらなかったのか　28
こんな人生でなかったはずと嘆くなら人生を選び直せばいい　34
矛盾だらけの人生との付き合い方　38
まやかしではなく本質を見つめなくてはいけない　44
さぁ、目覚めの旅に出よう　48

## 第2章 「受け入れの心―受容―」

受容は人生を変容させる 52
人はなぜ生まれ、どこへ行くのか 57
わたしたちの源と生きている理由 62
あなたは生まれるべくして生まれてきている 66
思う存分、幸せを受け入れる 72
あなたの世界はあなたの投影 79
秘められた創造のパワー 84
この世は願望が実現するようにできている 89
感情から進むべき行動の指針を得る 94
感情と行動のバランスで引き寄せは変わる 98
思考は現実化するが、現実化を妨げてもいる 103
自分の信念と向き合わなければいけない 107
成功はプロセスにあり、幸福は今にある 111
人生が完璧であることを受け入れられるか 115
自然に帰れば、奇跡すらも日常になる 120
愛についてくもりなく見つめてみよう 125

## 第3章 「創造の心―創造―」

人は誰でも願望を実現し、人生を創造していける 130
引き寄せの法則の仕組みと感情のエッセンス 134
イメージを使った願望実現法 139
言葉を唱えたり紙に書く願望実現法 143
フォーカスを使った願望実現法 148
現実を直視するのをやめよう 152
信じる気持ちが創造を加速させる 158
がんばるから引き寄せ疲れになってしまう 162
引き寄せの落とし穴に落ちないために 166
目の前のことに没頭する 171
無制限のマインドを手に入れよう 175
揺るがない確信と焼けつくようなヴィジョン 180
繫がることでパワーを増幅させる 184
究極の創造では、あらゆることが静かで自然に起こる 190
コラム●1 「豊かさの引き寄せ」 194
コラム●2 「恋愛の引き寄せ」 196

コラム●3「人間関係の引き寄せ」199
コラム●4「健康の引き寄せ」202
コラム●5「自由の引き寄せ」205

## 第4章「打ち消しの心―打消―」

引き寄せの法則には「その先」がある 208
あなたと真のあなたは違っていた 213
エゴという影法師 217
純粋な存在としての「私」と過去のデータでできた「エゴ」223
逆引き寄せを起こす思考と信念の関係性とは 227
光を消すことで影を消す 232
執着を手放し、流れに任せる 237
意味のないものに意味づけし、信じるに値しないものを信じてきた 241
あらゆる価値判断を停止させたとき、あるがままの今が開ける 245
意味のない世界に見る純粋なる景色 249
ほしがらないこと、捨てること、手放すこと 253
思考から離れる 257

真の答えを見つけるために　262
ただひたすら「ゆるし」を実践する　266
ゆっくりと自己を消していく　270

## 第⑤章 「Be Natural, New Life」

新たな目覚め　274
2つの視点と中道の生き方　277
心と形　281
与えることは受け取ること　284
繋がりながら人生を変えていく　288
全ては自然に流れてきて、去って行く　292
不安、迷い、悩みの終焉　295
学び、探求の終焉　299
奇跡で満たされる唯一の「今」　302
自然に帰り、愛に帰る　305

**あとがき**　308

（企画協力●NPO法人 企画のたまご屋さん）

# はじめに

わたしたちの世界には、「人生のなぜ」に答えてくれるものはたくさんありますし、書店の本棚を見れば「最強の」「究極の」「最高の」「人生を変える」とついた解決法に関する本がたくさん見つかります。それなのに、ちっとも人生が変わったようには見えず、世界は相変わらず混沌としており、悩みや苦しみが途切れることがないのはなぜでしょうか？　成長は感じるし、たくさんのものを手に入れているのに、幸せになっている気がしないのはなぜでしょうか？

探している場所が間違っているのでしょうか？　それは充分にありえます。探しているものが間違っているのでしょうか？　それも充分にありえます。そもそも探すこと自体が間違っているのでしょうか？　それも充分にありえます。正しいとか間違っているという尺度をもっていること自体が間違いなのでしょうか？　それも充分にありえます。

人が生きている間に追い求める「答え」。それは、見つかったかもしれないと期待させてはさまよわせ、結局は永遠に見つからないと絶望させるものかもしれません。しかし、「答え」はあるのです。

遠い昔から、その「答え」に到達した人が、教えをたくさん残してきました。釈迦やキリストが代表的ですが、他にもたくさんいました。

そんな昔に「答え」があったのであれば、もう人類全体は幸せになっていてもいいものですが、ここに一筋縄ではいかない理由が存在します。それは、「答え」に辿り着くルートは無数にあり、一人ひとり個人的な内なる旅を通してしか辿り着かないということと、道標にできる「答え」に関する解釈が膨大にあふれかえってしまっていることです。

パズルのように断片的に散らばった「答え」のピースには、「愛」とか「神」とか「本当の自分」とか書かれています。あなたはこうした言葉を見ただけで、その場を離れたくなるかもしれません。言葉が一人歩きしてきたために多少怪しげな印象を与えますし、現実として目に見えるものばかりを見てきたわたしたちには、目に見えない領域はいまいち信用できないものです。

しかし、追い求め、さまよい続ける人生に終止符を打ち、真の幸せに辿り着くためには、あなた自身がピースの一つひとつを心底理解し、それらを集めて統合させていく旅に出なければいけません。

なぜ、そんなことをしなければならないのでしょうか？　いいえ、しなくてもいいのです。しかし、ずっとなにかしらの答えを探し続けているというなら、あなたにはその理由があるはずです。

本書でできることは、できる限りわかりやすくばらばらになった「答え」のピースを説明し、一つにするための道筋を示していくことです。全てを充分に理解すれば、「答え」は浮かび上がるでしょう。

「引き寄せの法則」は、あなたの旅路の良いお供になります。「引き寄せの法則」は、現実的な答え探しにうんざりし、目に見えない領域や内なる自己の探求に方向転換した人にとって最適のガイドとなります。それだけでなく、旅の過程で、確かに人生が変わっていくことを実感させてくれますし、願い事も叶えさせてくれます。

しかし、「引き寄せの法則」というピース自体も、随分と誤解と偏見によって絵柄が見えなくなっています。そのため、くもりとよごれのないピースにしなければいけません。本書ではさらに「その先」へと歩を進めていくことになります。

そうです。「引き寄せの法則」には「その先」があり、その道にこそ、放浪に終止符を打つ「答え」が待っているのです。

# 第1章

# 「引き寄せの法則の『その手前』」

# 引き寄せの法則はシンプル

わたしたちの人生を彩る出会いや別れ、出来事は、偶然に見えて偶然ではありません。そこには常に引き寄せの法則が働いています。引き寄せの法則は重力の法則のように確かで、普遍的な現象です。重力は、物質であればその影響で引力を出している物体にくっつきますが、引き寄せの法則は物質以外のものも含めてお互いに引きつけ合います。目に見えない思考や感情、ひらめきのアイディアや個人的な好みや価値観であっても法則の影響下にあるのです。

ということは、人生の全てに関わっているということです。なんてすごいのでしょうか。この法則を知らずにいるのと、知っているのとでは、どちらが有益でしょうか？それはいうまでもないことでしょう。引き寄せの法則の仕組みを知ることで、自分でそれをコントロールし、望むように利用することができるのです。

とはいえ、信じていなければ積極的に利用しようという気も起きません。もっと知りたいと思う気持ちがなく、疑いや抵抗感が勝っているなら、この本は閉じていただいた方がいいかもしれません。ここはまだ長い旅路のほんの最初の地点です。信じるか信じないかはあなた次第ですが、旅に出る前に「この旅は価値がない」などと決めつけるのは賢明ではないでしょう。まずは旅を思い切り体験して、あなた自身の経験から判断してください。

ところで、引き寄せの法則は、信じていなければ作動しないものではありません。常に作動しています。ですので、引き寄せの法則は自身の実体験から確証を得ることができるものです。そのためには、引き寄せの法則がどんなものなのかを知っておかないと、実体験と照らし合わせることもできません。

例え話で簡単に説明しますと、写真は小さな画素が合わさって一枚のリアルな画となっています。全体として見れば、人の形や建物の形がくっきりわかるのですが、構成しているのは小さな画素です。わたしたちの生きている世界も、原子や分子、素粒子といったごくごく小さなものの構成でできています。そしてその最小の単位においても、引き寄せ合いくっつけ合う性質が全てに備わっているのです。そして、驚くべき事に思考や感情にもその性質が備わっています。

わたしたちの世界は、小さな小さな画素が絶えず動き変化しながら、無限のバリエーションの画を描いているようなものです。その動きに関わっているのが引き寄せの法則です。量子力学でも、粒子が常に動いていることや、電磁波を放っていることは認められているので、それほど荒唐無稽な話ではありません。

引き寄せの法則は一言でいえば、似たもの同士が引き寄せ合う宇宙の原理です。地球の外に出てもそれは例外ではなく、普遍的な法則です。

「類は友を呼ぶ」といわれるように、同じ価値観の人同士が集まったり、「泣きっ面に蜂」とか「弱り目に祟り目」といわれるように、悲しんでいるときにはさらに悲しませることが起こったり、昔から人はなんとなくこうしたことに気づいていました。

もっと意識して観察してみてください。電車で隣同士に座っている人が、赤の他人なのに、すごく似ていたりしませんか？　なにかについて考えていたら、偶然そのことに関する情報が飛び込んできたりしませんか？　引き寄せの法則は、いつでもあなたの周りで起こっているのです。

POINT

**自分の体験から引き寄せの法則を実感してみましょう。**
**引き寄せの法則はわたしたちにとって身近な、どこにでもある現象です。**

# 世界はわたしたちの引き寄せでできている

わたしたちの世界は論理的にできていると思いがちですが、実際には矛盾だらけです。目に見えるものだけで説明をしようとしても、うまくいきません。混乱するばかりではないでしょうか？　そこで、引き寄せの法則の観点から世界を眺めてみたらどうでしょうか？　多くのことが納得いきます。例えば、世界はなぜ不平等なのでしょうか？　それは人々が平等を望んでいないからであり、不平等感を強く感じているからです。世界はそのように引き寄せを持続させてしまうのです。

わたしたちの原子や分子が細胞を作り、細胞が身体をつくり、あなたという人間が構成されています。社会は人間が集まることで構成されており、社会や自然が集まることで地球ができています。

引き寄せ合う性質をもつ磁力をもった電波（これを「波動」と呼んでいます）が、最小の単位から最大のものまですべてのものから発せられています。この波動を可視化できるならば、すべてのものが一体となっていて、瞬間瞬間変化しているということがわかるでしょう。この壮大なエネルギーは、「神」とも称されています。あらゆるものに神が宿っているといわれていますが、実際にはあらゆるものが神なのです。

さて、わたしたち一人ひとりは波動を発していますが、それは思考や願望、価値観、感情などを通して発せられています。地球中（もっといえば宇宙中）でそのようなことが行われているので、わたしたちの世界は、わたしたち一人ひとりの波動が混ざり合ってできています。

自然は素晴らしく調和しているのに、人間社会が無秩序になっているのは、みんな好き勝手な波動を発しているからです。大多数の人は自分が大事で、他人とは違うと思っていたいし、他人のことも地球のこともどうでもいいと思っているようです。

引き寄せの法則は不思議なもので、頭の中で考えていることの波動が、現実化した未来を引き寄せてしまうのです。ですから、あなたの人生は、あなたが考えてきた通りの人生になっていますし、世界は人間たちが考えてきた通りの世界になっているのです。地球上には、わたしたち人間たちが出している無数の波動で編まれたタペストリーが広がっています。

もっと住みよい、幸せな生活を送っていきたいなら、目に見える現実を変えていこうと奮闘するより、考え方や価値観など人々の精神性を変えていったほうがめざましい成果が出るでしょう。ただ、考え方や価値観に影響を与えているのは、インターネットやテレビなどのメディアであり、意識せずとも洗脳されてしまっています。一人ひとりが自分の心のなかを大事にし、自分だけがよければいいのではなく、全体の幸せと合致する波動を発していければ日本も世界もあっという間に変わるでしょう。

POINT

**わたしたち一人ひとりが世界をつくっていることを自覚しましょう。思考や願望、価値観、感情など、心も引き寄せの波動を発しています。**

# なぜ苦しみばかりが現実化するのか

なぜわたしたちの人生は苦難や逆境、挫折や欠乏がつきものなのでしょうか？　どうして苦しみは際限なく続いているのでしょうか？　自分は恵まれていると思っている人も、なぜ心は満たされていないのでしょうか？

地球上の人たちの声を集めたら、きっと「苦しい、助けてくれ」という声ばかりかもしれません。日本は恵まれている国ですが、それは物質的に恵まれているということで、心は焦燥感や不足感ばかりかもしれません。

釈迦は「一切は苦である」といいましたが、この言葉は思いのほか深いものです。釈迦の時代から2000年以上経過しているというのに、世の中にはめざましいテクノロジーの進歩があるのに、いまだに「苦」が跋扈《ばっこ》しています。であれば、本質的になにかが間違っているのではないでしょうか？

一人の人間が発している波動によって、その人の人生は展開されます。その人の人生が「苦」であるなら、「苦を引き寄せる波動」を出しているということになります。社会をつくっている人間たちの発している波動によって、社会は展開されます。社会が「苦」を生み出しているなら、集合意識として「苦を引き寄せる波動」が上回っているということになります。社会より大きな世界もまた然りです。

ちなみに、個人に影響を与える重要度でいうと、人＞社会＞世界であり、幸せを引き寄せる波動を出している人は、どんな社会、どんな世界であっても、幸せに生きることができます。

さて、「一切は苦（一切皆苦）」という言葉が「人生は思い通りにならない意」と解釈されていたりしますが、それは事実ではありません。人生は思い通りになります。釈迦がいっているのは、「あなたが体験している現実が全てだと見なすならば」ということです。その注釈がつく限り、「四苦八苦」と呼ばれる現実の苦しみから逃れられません。

そして、人の思考や価値観が人生を引き寄せるわけですから、現実が全てだと見なすならば、「苦」から逃れることはできません。

どんなにテクノロジーが進歩しても、どんなに便利なものが増えても、どんなに娯楽や嗜好品が増えても、魂から安らぐような本質的な幸せに辿り着くことはできません。欠乏しては満たし、獲得してはさらに獲得し、という歯車にはまり、どんなに手に入れたところで最期には捨ててあの世にいきます。虚しいものです。

「あなたが体験している現実が全てだと見なさない」ならば、人は「苦」から解放されます。その生き方の境地を釈迦は「悟り」といいました。悟りというと大層なイメージになりますが、世界的に著名なウェイン・ダイアー氏は「シフト」といいました。この言葉のほうが、受け入れやすいかもしれませんね。

なぜ、こんな話をしたかといいますと、落とし穴について注意を喚起するためです。人は出している波動によって苦しみから逃れ、幸せになることができます。思考や価値観や感情が満足していて幸せだというならば、そのような人生となるでしょう。では、それで解決ではありませんか?「思考が現実化する」といわれるように、心の中をコントロールすればいい話ではないでしょうか?

いいえ、それでは「苦」は、あなたのあとをついてくるでしょう。現実を全てだと見なしている以上、落とし穴にはまります。その回避の仕方については、いずれゆっくりと、じっくりと述べていきましょう。

また、もう一つ注意してほしいことがあります。確かにスピリチュアルな領域では、現実ではない第六感的なものに意識を向けます。それは、五感を通して知覚しているものがごくわずかに過ぎないからです。しかし、現実から目をそらすためのものではないことは強く指摘しておきます。

スピリチュアルに傾倒する人や宗教にはまる人は、しばしば現実から逃避するための手段にしてしまいます。それは「苦」をごまかして、体よく隠しているに過ぎません。バランスはとても大切です。現実のモノサシばかりで見てもいけませんし、スピリチュアルのモノサシばかりで見るのも危険です。

人は、肉体と精神と魂でできていますが、魂への意識が蔑《ないがし》ろにされているからといって、肉体や精神を捨てる必要はありません。それと同じように、現実に重きを置きすぎていたからといって、現実を捨てることはないのです。それどころか、この三次元の物質世界に生まれてきて現実を生きていることはとてつもなく素晴らしくて意味のあることなのですから、現実から逃避してはいけません。

POINT

**人生の「苦」から解放され、思い通りの人生を歩むことは可能です。現実こそが全てだと見なすのではなく、現実を超えた領域があることに目を向けてみましょう。しかし、現実からは逃避しないように。**

# なぜ不平等な社会は生まれるのか

引き寄せの法則は、あまねく宇宙の中の共通の法則なので、例外はありませんし、平等に働きます。人間は、意識の力を使って、法則を意図的に利用できます。誰もが創造のパワーをもっているのですが、どうして世界はこうも不平等に見えるのでしょうか？　どうして成功している人と成功していない人、豊かな人と貧乏な人がいるのでしょうか？　引き寄せの法則に懐疑的で、いつまで経っても旅を始められない人のために、少し疑問にお答えしておこうと思います。

どんな人も無意識的に引き寄せの法則を使っています。何度もお話していますように例外はないのです。ただ、意識的に使っている人はめったにいません。どちらかというと、自分の思考や感情に鈍感で、外界から入ってくる情報に流されて価値観を築いていいます。

第１章
「引き寄せの法則の『その手前』」

人格が形成されるにしたがって、発信する波動もおおむね定まってきます。小さい頃に親からたくさん褒められて自信をもった子どもは、あまり褒められなかった子どもより成功しているという調査結果もあります。親が裕福である子どもと貧乏である子どもは金銭に対する価値観が異なるように、波動も異なります。

自分のことをどんな自分だと考えているのか。世界をどんな世界だと考えているのか。その捉え方によって波動が異なるので、引き寄せるものが変わります。アフリカなどの貧しい国の人たちに引き寄せの法則を伝えてあげればいいというかもしれませんが、彼らにとって有り余るほどの豊かさは信じることができません。

知識止まりではピクリとも変化させることはできません。信念となってこそ変化が起こるのです。キリストは「芥子粒《けしっぶ》ほどの信念があれば山をも動かせる」といいましたが、純粋に１００％信じるということはとても困難なのです。しかし、それができるなら、人生はがらりと変わるでしょう。

圧倒的な現実が目の前にあります。人は現実に対して反応して、引き寄せの波動を出してしまうものです。飲み水を確保するのも困難で、強盗や殺人が横行し、干魃で作物も不足するという現実の中で、先進国にいるような豊かさの感覚をもつことはほとんど不可能です。

想像してみてください。あなたが家にいても学校や会社にいても、絶えずあなたを否定する声が投げかけられたとしたら。それが生まれてからずっと続いていたら？自信をもとうと思っても無理です。そんな環境であれば自信をもつことほど非現実的なものはないと思うでしょう。

ですから、アフリカなどの貧しい国の人を救うためには、引き寄せの法則を伝えるよりも、まず彼らの目の前の現実を改善してあげたほうが早いのです。

日本に暮らし、こうした情報も容易に手に入れられるあなたは、引き寄せの波動を変えていくには適した環境にいます。あなたは、シフトしていくのに最適な環境とタイミングにいるのです。そうはいっても、生まれてから圧倒的な現実を目の当たりにしてきたあなたにとって、価値観を変え、信念を構築し直すことは依然、困難ではありますが、その道は本書でやさしくガイドしていきますのでご安心ください。

POINT

生きてきた環境によって信じるものは定まり、引き寄せの波動も決まってしまいます。
あなたは引き寄せの波動を変えていく最適な環境とタイミングにいます。

# なぜ引き寄せの法則を知っても人生は変わらなかったのか

「引き寄せの法則については知っているけど人生は変わらないのです」「その種の本はたくさん読んだけれども人生は苦しいままです」という人はとても多いですし、引き寄せの法則を知って変わったという人のほうが珍しいのではないでしょうか？　ポジティブシンキングになったりして、人となりは変わったかもしれませんが人生は変わっていないというのが実情ではないでしょうか？

簡単にいえば、理解が不十分であるということ、実践が間違っているということ、そして自己との向き合いが足りないということです。引き寄せの法則はシンプルですが、人間は複雑です。引き寄せの法則ブームで、表面的な情報ばかりが拡散し、それらは夢を見させてくれましたが、本当に人生を変えてはくれませんでした。

こんなことをいうのは日本の引き寄せブームを批判したいからではなく、「なぜダメだったか」ということを理解して、道を選び直してほしいからです。

理由についてもう少し細かく踏み込んでみましょう。

まず、大きな要因の一つ目は、**「欲を満たすツールに成り下がってしまった」**ということです。宇宙の普遍的な法則が、単なる物質的な欲を満たすものになってしまい、本質とは離れた浅はかなものとなってしまいました。

二つ目は、**「楽に結果を手に入れるツールに成り下がってしまった」**ということ。すぐに結果をほしがり、努力も怠るようになってしまえば、うまくいかないのも当然です。生きることは経験することであり、特定の結果や到達点を目指すことではありません。

三つ目は、**「現実逃避のツールに成り下がってしまった」**ということ。現実を変えてくれる魔法であるかのように期待した結果、現実からますます逃避的になり、生活が苦しくなっていくわけです。

四つ目は、**「自己成長を無視してしまった」**ということ。成功とはプロセスにあり、進化・成長していくことは魂の喜びであるのに、安易な道に溺れ、自己成長の側面を無視してしまったのです。

五つ目は、**「網羅的に理解できていなかった」**ということ。水の入った大きな袋があるとしましょう。穴が開いていて、水漏れがします。あなたは、「そうか、この穴が全ての問題だったのか」と穴を手でふさいで一生懸命押します。しかし、水はどんどん減っていくようです。もっと力強く穴を押さえます。さて、なにが間違っているのでしょうか？　答えは、見えないところで他にもたくさん穴が開いているということです。それなのに、部分だけを見て、一生懸命、穴と格闘することで、他の穴からもっともっと水が漏れることになります。これがいわゆる「逆引き寄せ」で、願望とは逆のことが引き寄せられてしまう現象です。

六つ目は、**「思考や感情は意識しても、信念は意識できていなかった」**ということ。隠れている信念も引き寄せの波動を発していますが、思考や感情ばかりに気を取られて、変わらない価値観や過去のトラウマは無視してきたかもしれません。

七つ目は、**「がんばりすぎてしまった」**ということ。途方もないエネルギーで人生を修正しようとしても、エネルギーを正しい場所に集めなければ、壊したくないものまで壊してしまいます。これも「逆引き寄せ」に繋がります。

八つ目は、**「別のものに自己のパワーを明け渡してしまった」**ということ。引き寄せの法則やスピリチュアルを学ぶときに注意すべきことは、教師に依存しないということです。自ら探求し、発見していくプロセスのなかで、教師をうまく使ってください。自分にはパワーなんてないと思ってすがっていると、本当のパワーを失うことになります。また、教師選びには注意しましょう。騙されやすい人が出している波動は、騙す人が出している波動とマッチします

以上が主だった八つです。実は色々と要因があるのです。しかし、引き寄せの法則によって魔法や奇跡のようなことも起こせます。けれども、引き寄せの法則に魔法や奇跡のようなパワーがあるのではなく、あなた自身にパワーがあるのです。法則は法則です。

物が重力で落下したとき地面に衝撃を与えるのは、物に質量があるからです。あな

たがより大きな衝撃を与えたいならば、質量の大きい物を持たなければいけません。見つめてばかりでは、重い物を持つことも落とすこともできません。物理的な世界にいることを忘れてはいけないのです。

ガッカリさせたいわけではありません。この本には、人生を変える方法も、願望を実現する方法も、真の意味で幸せな生き方ができる方法も書いてあります。ぼくは、夢見心地にさせておいて結局変わらなかったということにならないように何度も釘を刺しているのです。第1章を通して、土台を固めているのです。

これまでたくさん学んできたという人は、それなりの価値観を築きあげていますが、一旦ぼくと旅をする間は棚上げにしておくことをおすすめします。価値観というのは誰でも守りたいものです。それが揺るがされるのは、自己否定に繋がるからです。真摯に人生を変えたいのであれば、邪魔になることがあります。心に問いかけ、自己と向き合いながら、旅をしてください。

POINT

引き寄せられなかった理由を明確にすることで、同じ過ちから逃れられます。

法則や教師に依存して、自分のパワーを見失ってはいけません。あなた自身のパワーを自覚してください。

# こんな人生でなかったはずと嘆くなら人生を選び直せばいい

皆さんが人生をもっと良くしようと励んでこられたのはよくわかっています。あの手この手を講じるけれども、結局は思い通りにいかず、自分以外のものを否定することで自分を守ろうとしたり、他者や社会に責任を押しつけることで自分を正当化しようとしてきたかもしれません。

しかし、人はみんな自分の人生の創造者ですし、人生を変えるのに手遅れということはありません。本当のところをいうと、「こんな人生でなかった」という人生もまた素晴らしいものであったはずですが、常に人と比較し、社会の価値観に合わせてきた人にとっては、あまりにもみじめなものに映るかもしれません。そう思うのであれば、今一度人生を選び直し、変えていくことに勇気をもって着手しましょう。

人生への見方を変えていくことは、真の幸せを見つけるために必要なことです。泥水をするような人生であっても、奇跡と完璧さに満ちあふれているものです。実際のところ、人生を変えるためにできることは2つあります。それは、人生への見方を変えるか、別の新しい人生を創造するかです。

この2つは一見、矛盾しているようにも見えます。というのも、サラリーマンの人生が嫌だという人は、サラリーマンでありながら見方を変えて幸せになるか、サラリーマンを辞めて新しい仕事について幸せになるか、どちらかの選択肢を取るように見えるからです。

しかし、この両立も可能です。サラリーマンとして幸せを感じていながら、新しい仕事を選ぶかもしれませんし、サラリーマンをしながら新しい仕事も同時に始めるかもしれません。創造とは自由なものです。

サラリーマンとしても最悪だと感じ、新しい仕事を始めるのも無理だと思うなら、もうどうしようもありません。引き寄せの法則は、その閉塞感がその人の選択だと解釈して、維持させるだけです。

どうか限界を創らないでください。なんでもかんでも否定しないでください。なんでもかんでも難しいことだと思わないでください。ありとあらゆるところから言い訳をもってこないでください。

この世界は、あなたを支持しています。あなたの存在の全てから発せられる波動を受けて、引き寄せの法則は人生を届けます。あなたが困難だと思っているなら、その困難だという思いを支持するしかありません。救われたいと思っていても、救いなんてこないと信じているなら、その信念を支持するしかありません。

もう少し力を抜いて。現実的な理由にがんじがらめにならないように。宇宙のあらゆる存在が「自由」という共通の権利をもっていて、これは神であっても侵すことはできません。あなたには選択の自由があり、創造の自由があることを忘れないでください。

POINT

人生の見方を変えることと、新しく別のものを創造すること、そのどちらもできます。
否定をやめましょう。言い訳をやめましょう。世界はあなたを支持しています。

# 矛盾だらけの人生との付き合い方

この世は矛盾だらけに見えますか？　他者を踏み台にしてのし上がった地位で利権をむさぼる人がいれば、善良なのに貧乏で苦しんでいる人や病気を治す治療代がなくて死んでいく人もいます。貧富の差はますます大きくなっていますし、社会はますます生きづらくなっています。正しいことをしているのに報われないし、努力をしているのに機会に恵まれないし、がんばって手に入れたお金もすぐに消えていってしまいます。

こうした矛盾への、怒りややるせなさはわかります。しかし、待っていても今すぐに正常になるわけではありません。社会が変わるには個人が団結しなければいけませんし、世界が変わるには社会が団結しなければいけません。人にとってまず変えることができるのは自分の人生であり、自分が見ている景色です。そして、それを変える

ために は、自己の内面を変えなければいけません。

これだけ多くの人たちが、無数の波動を発しているのですから、この世が矛盾だらけになっても仕方がありません。わたしたちにできることは、まず自分自身を変えて、自分の人生の景色を変えていくことで、それができれば、徐々に人と繋がって広げていくことができます。矛盾はなくなっていきます。

まず自分自身を変えていく上で、見方を修正していく必要があるでしょう。あなた自身が矛盾を抱えて、矛盾に対してエネルギーを注いでいるのであれば無益なことです。

例えば、もし夢はひときわ大きいのに自分に自信がないという場合、引き寄せの法則が夢の支援を運んでいっても、自信のなさに弾かれてしまいます。見方が修正されれば、感情的にネガティブになる反応は減っていき、最終的にはあるがままの世界を見られるようになります。

いくつかの代表的な世の矛盾を取り上げてみましょう。

**1. 生まれてきた環境が悪かったので、とても苦労をしている。ある人は金持ちに生まれ、ある人は美人に生まれ、ある人は天才に生まれている。**

人は親を選んで生まれてきていますし、肉体に宿る前に立てたプランに合った環境を選択しています。しかも、喜び勇んで生まれてきているくらいです。現在の人口が歴史上ないほど圧倒的に多いように、いま肉体に宿りたい魂はたくさんいます。生まれてこなければよかったとか、生まれた環境が悪かったというのは、筋違いというもの。魂の意図を感じてください。意図して選んだことを受け入れてください。ハードルが高い人生だというなら、それだけの決意と成長への期待があるのです。

**2. 正直者はバカを見る。要領よくやっている人や媚びへつらう人が成功している。人間として最低な部類の人間が私腹を肥やし、いい生活をしている。**

どれだけお金やモノを手に入れたかや、どんな地位についたかは、魂にとってどうでもいいことで、善悪というものも関係ありません。ただ、自分がどんな人生を創造し、どんな感情体験を得るかであり、その過程でどれだけ喜びや成長を得られるかです。他人のことはどうでもいいと思いましょう。比較しても、良いことはありません。嫉妬や憎しみの気持ちがあるなら、自分の創造にエネルギーを向けましょう。

**3. 努力が報われるのはほんの一部の人にすぎない。才能がなく、挫折するだけの人生になんの意味があるのかわからない。せいぜい身の程を知って、つつましく生きるしかない。**

すべての努力は報われていますが、わたしたちが設けた尺度によっては、ほとんどの人が敗者ということになるでしょう。真の幸せは結果にあるわけではありません。真の成功はプロセスにあります。そして、全ての人が、一つの人生では使い切れないくらいの才能をもっており、開花させるための時間と環境が用意されています。人より優れているのが良いことではありません。自分を弱者や敗者だと見なすのはやめましょう。

**4. 結局、人生は金と権力である。この二つをもっている人はなんでも優位だし、尊**

**敬されるし、自由に好きなことができる。**

この世界は矛盾だらけですし、多くの人が金と権力という価値観を支持しているので、気にくわないかもしれませんがある程度はその通りです。けれど、実はそんなに幸せでもありません。真の幸せはそこにないのです。人生の終わり頃に振り返ってみたら、たくさん苦労したり、たくさん笑いあったりした思い出のほうが大切に思えるでしょう。卑屈になってしまうのは、欠乏感や無力感を感じているからです。それらを手放し、解放されることだって可能なのです。

## 5. 神がいるならどうして救ってくれないのか。どうして罪もない人たちが災害で死んだり、悪人が裁かれずにのさばっているのか。神に祈っているのに、答えてくれた試しがない。ごく一部の人だけが神に愛されているのか。

神は途切れることなく、あなたたち一人ひとりのことを思っています。絶対的な約束として、人間には自由意志が与えられています。わたしたちの人生はわたしたちで創造しているので、不幸な出来事や犯罪や戦争だって起こります。それはわたしたちが選んでしまっているからです。けれど、幸せになるために手は差し伸べられていますし、神の愛は平等です。さらにいえば、わたしたちは神の一部です。

POINT

**世の矛盾に憤りを感じるくらいなら、そのエネルギーを自分を変えることに向けましょう。**
**この世の矛盾もあなたが誤解しているだけかもしれません。思っているほど無力ではありません。**

## まやかしではなく本質を見つめなくてはいけない

スピリチュアルの領域は蜃気楼のなかを歩んでいくようなものです。幻影があちこちで手招きし、耳元で囁いています。あなたはもしかしたらとても長い時間、蜃気楼を歩いてきたかもしれませんし、初めて足を踏み込んだところかもしれません。

本書を通してぼくと旅に出ていただく前に、あとほんのちょっとだけ注意しておいてほしいことがあります。まやかしに惑わされないようにしてください。本質を見つめてください。

あなたは、人生の旅を長い間してきましたが、どんなときも一人ではありませんでした。これからぼくとあなたで引き寄せの法則のその先を目指して旅をしていこうというとき、その存在は一緒についてきます。

それは、エゴです。

# 第１章
# 「引き寄せの法則の『その手前』」

エゴとはあなたの存在の一部であり、あなたの人格のほとんどです。エゴとは、性格であり、個人的な価値観であり、自己だと認識している心の部分です。あなたそのものだといえますが、それは本当のあなたではありません。

この旅では、引き寄せの法則の豊かな土壌を歩いているときにはエゴにも元気よくついてきてもらう予定ですが、「その先」へ進むときには、エゴを置き去りにすることを目指します。いいえ、実際のところ完全に置き去りにすることはできず、置き去りにするのは古いエゴということになります。あなたが生涯を通して一心同体だったエゴは生まれ変わります。これが人生で初めての大きな変化になる人もいるでしょう。

旅の計画のためにしっかりとガイダンスをしておきたいのは、幻影の声とエゴの声に惑わされないようにしてほしいからです。

具体的にいうと、幻影とは、世の中にあふれている他の教えや教師のいうことです。これは、ぼくのいうことを信じて、他のいうことは信じないようにしなさいといっているのではなく、たくさんの情報と比較しながらだと混乱しますよ、ということです。

ジャッジメントするために旅に出るわけではありません。ちなみに、ぼくのいうことを信じる必要もありません。大事なのは内なる共鳴です。心に響き、浸透するものを素直に受け取ってください。

そして、エゴはさまざまな妨害を企てます。エゴは、現状維持が大好きですから、これまで過去のデータで蓄積したものが覆されることを大いに嫌います。旅の中では、価値観を揺さぶられることもあるでしょうが、エゴのそうした妨害のささやきも疑ってみてください。

また、エゴは探求させるのも好きですが、答えを出させるのも好きです。「これだ」と思うものを発見できるのはよいのですが、「これは意味がない」「これは間違っている」「どこの本にも書いている」などと、バッサリ決めつけたくなりがちです。変化を拒む防御本能も働いているのですが、決めつけてしまうと、せっかく学びや気づきを得られる機会が台無しになってしまいます。

あらゆる言葉を、いま自分が引き寄せている言葉だと捉えて、意味あるものにしてください。成長の過程では反復がとても大切です。同じ言葉を何度も引き寄せていると感じることもあるでしょうが、それだけ大切だということです。

成長の過程で、理解できることもあれば理解できないこともあります。それはそれで構いません。理解しているつもりでも、何年か先に新鮮なインパクトを経験することもあります。わたしたちは、さまざまな角度から同じことを学んでいます。このことに辛抱強くなってください。すぐに結果を求めようとせず、じっくり、マイペースでいきましょう。

さぁ、だいぶ準備ができたようです。

POINT

ジャッジメントをするために学ぶのではありません。幻影の声とエゴの声に惑わされず、心の共鳴を大切にしましょう。成長の過程では反復や別角度からの学習もたくさんあります。辛抱強く前に進んでいきましょう。

## さぁ、目覚めの旅に出よう

引き寄せの法則は、新しく出会った友だちのようなものです。ぼくにとっては、11年間の親友であり、その関係性はこれからも続いていくでしょう。引き寄せの法則は、自分を見つめ直し、心をくもりなく磨き、魂に触れ、自己成長させてくれた友でした。さまざまな贈り物もくれましたし、最初の頃は理解しているつもりで理解できていなくて、何度もすれ違ったり、へそを曲げられたり、音信不通になったりもしました。

これから長く付き合うことになる友だちだと是非とらえてください。実際のところ、引き寄せの法則は多くの人たちに利用され、捨てられてきました。引き寄せの法則は、願望を叶え、人生を変えるために、「こいつは使えるようだ」と人気を博しました。そして、大勢の人が、やれ「大金持ちにさせてくれ」「有名にさせてくれ」「素敵な恋人を連れてきて」「病気を治して」と頼みました。知り合ったばかりの友だちにそんな風に接していたのです。彼らは友だちのことをなにもわかっていませんでした。ですから、結局は「使えない奴だ」と捨てることになりました。これが第一次引き寄せの法則ブームです。

しばらく経って、「わたし、引き寄せの法則のことをよく知ってるの」「わたしはいっぱいもらっちゃった」「自分だけがあいつのことを正しく理解している」という人が現れました。そして、「やっぱりあいつ使えるらしい」「頼み方のコツがあるらしい」とまた殺到するようになったのが、第二次引き寄せの法則ブームということです。

友だちに対して、エゴイスティックに「ちょうだい、ちょうだい」とせがむのはやめてみませんか？　欲を満たすための道具にしないでください。友だちになってください。親友になってください。親友になれば、長い付き合いのなかで本当に成長させてもらえます。必要なときに必要な助けを差し出してくれます。引き寄せの法則もスピリチュアルですから、なにかを得るためではなく魂の成長のためにうまく活用してほしいのです。

実際、最初の頃はビギナーズラックで、願望やシンクロニシティを引き寄せやすいものです。最初は信じているからです。新しく知り合った友だちも、最初は良い面ばかりが見えるものです。けれど、親しくなれば、苦言をいうこともあります。それは親切さから来ていて、成長を与えてくれるものなのですが、人は都合の良い答えだけをほしがり、苦言を悪いことだと捉えてしまいます。

引き寄せの法則との付き合いでは、自分のマイナス面や取り組むべき課題が数多く発見されるはずです。それでいいのです。安易に願望実現ばかり考えずに、成長していくための友として付き合ってください。

POINT

**引き寄せの法則を都合の良い友だちにしないでください。引き寄せの法則と親友になり、成長させてもらってください。**

さぁ、旅が始まります。これは成長と目覚めの旅です。準備はよろしいですか？

# 第2章 「受け入れの心―受容―」

# 受容は人生を変容させる

旅は始まりました。当面の計画についてお話をしましょう。この第2章では、新しい価値観を築きあげていくことが狙いとしてあり、引き寄せの法則および普遍的な宇宙の真理についてお話ししていきます。これまでもお伝えしたように、あなたの全てが引き寄せの波動を発しており、とりわけどんなことを考えているかという思考、どう物事に反応し捉えているかという感情、信じている価値観の集合体である信念の三つが人生の創造に大きく関与しています。

ですから、頭の中にある従来の価値観を、より真実である価値観に置き換えていく必要があります。わたしたちは現実社会のなかで随分と洗脳されてしまい、間違った価値観を築きあげています。それらを修正する必要があるのです。前の章からそれは行っていますが、ここからはより深く踏み込んでみることにします。

## 第２章
## 「受け入れの心 ー受容ー」

ぼくはこれを、「受け入れの心」と呼んでいます。普遍的な真理を知ることで、価値観が変わり、引き寄せが変わります。できる限り、わかりやすく伝えていきますが、目に見えない領域のことであり、色々な既存の価値観ともぶつかるので、いくらか抵抗心が沸き上がるかもしれません。ジャッジメントしようとせず、受け入れる心で臨んでください。理解できないものは理解できないで構いませんから、子どもに読み聞かせるような優しさで、心に向けて語りかけてみてください。

真の自己は、ずっと知るように呼びかけてきました。ですから、強い興味を感じるかもしれません。以前に呼び声を聞き、すでにたくさん学んできた人にとっては、頭の中だけでとどまらないように注意してください。心の奥へともっていき、血肉になるまで浸透するように心がけてみてください。

少しぼくの話をさせていただくと、ぼくはかつて、不遇の人生を呪っていました。19歳のときに戯曲コンクールで最年少受賞したものの、それから何作品書いても一切賞を取れなくなりました。友だちという友だちもおらず、彼女もできず、貧乏で、孤独な人生を送っていました。プライドが高かったこともあり、認められない苦痛が最も耐えがたかったかもしれません。幸せという感覚がどういうものかも、経験していないので、わからなかったくらいです。

そんな人生も完璧な流れのなかにあったことは後からわかるのですが、「なぜなんだ、真実を教えてくれ！」という悲痛な思いから、精神世界への探求が加速しました。最初は、スピリチュアルブームのなか、守護霊やオーラなどに興味をもち、熱心に探求しましたが、不遇の人生の答えは得られませんでした。しいて仮説を挙げるとすれば、「なにかに取り憑かれている？」でしょうか。お祓いに行ったこともありました。

それから引き寄せの法則と出会いました。２００７年の12月のことです。引き寄せの法則を世界中で認知させたエイブラハムの本が最初です。そのときに、人生の謎が瞬く間に解明でき、心の中がスッキリしたとともに、やるべきことがわかりました。何かに取り憑かれているとか、変えられない運命の犠牲者であるとかではなく、単に自分が引き寄せていたということがまざまざと理解できたのです。これが人生を変えるきっかけになりました。

ですから、知って、受け入れるということはもう戻らない扉をくぐることになる大きな一歩なのです。ぼくのように、絶望的なまでに知りたいと思っていたら、古い価値観も邪魔することができませんが、なんとなく知りたいと思っている間は、古い価値観に引き戻されるかもしれませんね。しかし、よくよく振り返ってみたら、その古い価値観によってあらゆることが失敗してきたし、機能不全にすら陥っているということに気づくでしょう。

受け入れる。耳では聞くことのできない魂からの呼び声があります。無視していると、同じ過ちを繰り返すことになります。気づいてくれるようにこづいているかのようです。よく、「心の声を聞きなさい」と言われますが同じことです。思考は、エゴが大半を占めてしまっていますが、心は魂が占めています。魂とは真の自分であり、切れない臍の緒によって神と繋がっている部分です。

POINT

古い機能不全の価値観を、真実の価値観に置き換えていくことが必要です。魂からの呼び声、心の声に耳を傾けて、受け入れることに抵抗しないでください。

# 人はなぜ生まれ、どこへ行くのか

人間という生命についてどこまでを知っているでしょうか? わたしたちは肝心なことについて何も知らずに生きてきました。ですから、皆さんも「なんで生きているんだろう?」「なんの意味があるのだろう?」と真剣に考えたことがあるでしょうし、「死んだらどうなるだろう?」と恐くなったこともあるでしょう。

誰も証明できないナイーブな問いですが、実際のところ、不安に感じるものではなく、知れば安心に至ることができます。というのも、生命は永遠に続くからです。わたしたちの生命は寿命によって尽きると思っているかもしれません。1個の身体としての活動は死によって終わりますが、生命はずっと続いています。わたしたち人間は、身体をもった「生命の現れ」に過ぎません。

例えていうならば、インターネット上の仮想現実のようなものです。アバターを作り、操作します。アバターが機能しなくなったら、それを捨てて、また別のアバターから始めます。誕生から死までを、多くのプレイヤーと共有している世界で操作しているのです。

とはいえ、この世界のアバターは人工知能のように自分で学習しながら自分で動きます。プレイヤーはずっと見守ってはいますが、基本的に直接介入できず、間接的に支援を送りながら観察しています。

プレイヤーとは自分の魂であり、真の自己です。神とは、プレイヤーも仮想現実もあらゆる存在を含めた全てなのです。

ただ、実際のわたしたちは、仮想現実のような虚しいものではありません。信じられないくらい素晴らしいものです。

神の一部である真の自己は、魂という形態を使って、三次元の物質世界に誕生する赤ちゃんの肉体に宿ります。動物に宿ることもできるのですが、魂をレベルアップさせていくためには人間が最適であり、元々そういう意図で人間は創造されているので、人間の肉体に宿ります。

魂は無限に記録できる機能を備えているのですが、脳はなにも記録されていないハードディスクのようなものなので、完全に全てを忘れています。脳がたくさんのデータを蓄えて物心がつく前ですと、魂から直近のデータを引き出して、前世のことを思い出したりする子どももいますが、稀なケースです。

魂は感情的な体験を通して進化・成長していくことを目的としています。なので、誕生する前に、ある程度人生の計画を立てておきます。特に、前世の反省や学びを踏まえて計画を立てるので、前世で未消化だった課題に再チャレンジしようとしたり、前世で経験したことのない環境に入っていこうとします。

例えば、前世で加害者の立場となった場合、今度は被害者の立場を体験しようとすることが往々にしてあります。また、前世で自殺したときに、今度は自殺しないように、似たような窮地にもう一度チャレンジすることもあります。こうしたことがカルマと呼ばれるのですが、カルマとは前向きな事前計画に過ぎません。カルマを、抗《あらが》うことのできない呪縛や懲罰だと捉えるのは間違っています。

魂がエネルギーを送って生命を燃焼させている肉体は、自我をもち、脳に蓄えられるデータにしたがって、人格を形成し、独特の人生を歩んでいきます。最初に計画を立てて、家族や環境を選んでいるとはいえ、人間には自由意志が与えられており、真の自己は観察するのみです。

一つの肉体の死でもって、魂の探求の一クールが終わります。肉体が使い物にならなくなったり、大概のことはやり尽くしてしまったり、特定の課題を達成できたときなどが終わりのときです。魂は、神と一体になり、送った人生を振り返って復習したのちに、また新たな冒険に出ます。

簡単にいえばこんな感じで、こんなやりとりを何百回も繰り返しています。そんなにたくさんの前世があるなんて驚きです。

では、いつ終わりが来るのでしょうか？　もう探求する必要がないくらいすべてを体験し尽くしたら三次元の世界では終わりです。ＲＰＧゲームにいくらハマっているからといって、レベルもＭＡＸになって、全ての謎を解き、好きなだけ遊び尽くしたらどうなりますか？　いい加減止めようかなと思うでしょう？　そうなれば、もうワンランク上の次元で進化・成長を続けることになります。

経験がなにより大事だということが、このことからわかると思います。何を手に入れたかではなく、どんな経験をして、どんな感情になったかが重要なのです。魂の各生涯を繋いで、繋いで、壮大なシンフォニーを奏でているのです。

POINT

**生命は永遠に続き、輪廻転生を繰り返しながら、成長していきます。魂は肉体に宿る前に計画を立てていますが、自由意志があり、抗《あらが》えないカルマなどもありません。**

# わたしたちの源と生きている理由

人間は、精神と身体と魂が合わさった複合体といえます。そして魂は真の自己の一部であり、真の自己は神の一部です。神というと、どうしても古来から定着化している人型の神を想像してしまいがちなので、ソースエナジーという呼び名や、大いなる光と呼ぶ方がしっくりくるかもしれません。呼び方はどのようなものでも構いません。

要するに、わたしたちは神の一部だということです。そして、神と同様の創造の力を有しているので、キリストは人を「神の子」といいました。イエスだけが神の子なのではなく、皆さん全員が神の子なのです。

そういうとあまりにもご大層になって、余計に現実感がわかない人もいることでしょう。それでは比喩を使ってみましょう。

存在する全てが○（丸）だったとしましょう。この完璧な○は自分が○ということを理解していましたが、○以外のものが存在しないので、そもそも○とはなんなのか探求してみたくなりました。そこで、体験できる世界を自らのなかに創造しました。存在する全てが○なので、○以外の場所には創れませんから、自分の中に創ったのです。それが宇宙です。

そうして、○以外のものをたくさん生み出してみました。△とか□とか、無限にものを生み出してみました。○以外のものが生まれることで○がよくわかるようになりました。

もっと探求の可能性を広げるために、小さな○の分身を量産し、あらゆる角度から体験できるようにしました。こうして、○の要素を受け継いだ魂が、人間の身体に宿ることになります。

根本的に○であることを知りたかったので、人間となって体験活動をしながらも○の性質を発揮できることは大いなる喜びでした。○の性質とは愛のことです。

ただ、無限の可能性を探究し、あらゆる新しいことを創造するという楽しみに没頭しすぎた小さな○は、元々大きな○の一部だったことを忘れてしまい、路頭に迷うようになりました。そして、○の性質とはなんだったのか、源はなんだったのか思い出したいという思いが強くなり、人間として活動を楽しみながらも、○に帰りたいという郷愁も強くなったのです。

いかがでしょうか？　わたしたちは、大きな○も小さな○も、「神」と呼ぶことがありますし、「愛」と呼ぶことがありますし、「真の自己」と呼ぶこともあります。わたしたちの真の性質とは○なのです。

人間としての活動にはまりすぎていると、このことがさっぱりわからなくなってしまいます。本当は知っていたのですが、完全に忘れてしまっています。ですから今こうして伝えているのですが、この智慧はあなたにとってプラスになりそうでしょうか？

孤独を感じるときには、外界の現実に癒やしを求めるよりも、内なる繋がりに癒やしを求めてみてはいかがでしょうか？　現実がどうにもならないとき、自分には創造の力があることを思い出せば勇気を感じます。劣等感に駆られているときも、自分も他人も同じ小さな〇でできていると知っていれば、自分にもできるんだと思えるでしょう。このように、智慧は現実の生き方のなかで応用できるものです。

POINT

**わたしたちは大きな〇の一部である、小さな〇が真の姿です。人は神の性質を引き継いでおり、創造の力をもつ愛です。**

# あなたは生まれるべくして生まれてきている

「自分には価値がない」「生きている意味がない」「なぜ生まれてきたのかわからない」という人に、引き寄せの法則は希望を届けることができません。そうした思いは、長年積み重ねてきたものでしょう。とても重い波動です。そういう波動を発しているならば、価値や意味や素晴らしさがやってくることはありません。これが本当に必要な人に奇跡が起こってくれない理由です。

自分の思考や信念が人生を創造しているのですから、法則通りになっているだけで、支援したくてもガードされていては希望を届けることができません。届いていない希望はたっぷりとたまっています。それらが一気に届いたら、人生が様変わりしてしまうくらいたまっています。なぜなら、願望がそれらを形成したからです。願望がたくさんの解決を創造しましたが、いつまでも自分のことを無力で価値のない人間だと信じていることによって、約束された贈り物がいっこうに届かないのです。

体験で信じられない今の時点では、言葉で理解してもらうしかありません。知ることは変えることの始まりです。

真の自己が魂という形態で、新しい肉体に宿ったとき、すでにある程度の人生計画が立てられています。ですので、その計画に取り組むことは、生きている意義の一つです。

例えば、愛するものを裏切ってしまった前世の経験から、愛するものを愛し尽くすことを課題にもっているとしましょう。愛するものを見つけますが、あなたのほうが裏切られます。そのとき、絶望感に駆られて生きる希望を失ってはいけません。そこからが大事なのです。裏切られて、誰も信じられなくなって、自己嫌悪に駆られ、それでも希望を見いだしたい、自分を変えていきたいと願っているとき、そこに価値はないものでしょうか？　魂としては大いに価値があることをしているのです。そのもがきやあがきが、生きる意味となっているのです。

このようなことはさまざまなバリエーションで人の人生のなかに存在します。どうか、勝手に自分を無価値で無力で無意味なものだと決めつけないでください。創造の力も衰えさせてしまうことになります。

ぼくも、しつこいくらい、同じ課題に向き合わされたものです。ちょっとくらいヒントや援助をくれよと思うくらい、辛辣な状況でした。立ち向かうべくして立ち向かわざるをえない課題は存在するのです。

しかし、生きていく上で課題への取り組みは一番のテーマではありません。それは三番目くらいです。人生は、テストを受けに行く学校ではないのです。

一番のテーマは、緊急のテーマではありません。最も長い目で見ているテーマで、どの人生でも携えられています。それが神に帰ること、大きな〇と一体になることです。これは悟りの道でもあり、キリストは「神の王国」と称しました。人間として生きているときに、いずれかの生で、そこまで辿り着くことを深遠なるテーマとして掲げています。

第2章
「受け入れの心 ー受容ー」

二番目のテーマは、いつでも、誰でも、どの人生でも真っ先に追い求めるものです。それが、喜びを感じて幸せに生きるということです。このような生き方ができるなら、どの国、どんな容姿、どんな職業、どんな豊かさであろうが関係ないのです。

もちろんこの旅のなかで、第一のテーマと第二のテーマは中心的な話題になります。心に浸透するくらい深く智慧を吸収できたならば、無価値感や無力感は消えてなくなるでしょう。実際、それらは幻でしかなく、真実の前では消えていくものです。

今、ここで伝えたいのは、あなたにはとてつもない価値があるということです。その価値に理由はいらず、理由を当てはめる理由もありません。あまりにも多くの人間が地上にいて、自分一人くらいいなくなってもいいのではないかと思う人もいるかもしれませんが、少なくとも悠久の昔から輪廻転生のシンフォニーを奏でてきた譜面の最も新しいパートなのですから、どうぞそんな風には思わないでください。これまで一番盛り上げてやるぞ、くらいに思ってください。

シンフォニーの中で暗い部分もあれば明るい部分もありますし、いちがいに苦闘や苦悩や挫折体験が悪いものではありません。そこからの学びが、新たな明るい曲調を奏でるのです。意味はあります。

そして、人は誰でも、幸せになっていいのです。それどころか、それが期待されているものです。大きな〇が小さな〇に無数に分かれたときに、自己というものを経験を通して知りたいという偉大な思考がありました。自己とは、愛であり幸せなので、それらを思う存分経験することは、生命であればみんな携えている権利なのです。

そして、さらに素晴らしいことに自由意志の絶対的権利をもっているので、幸せを妨げるものは自分以外にないのです。引き寄せの法則は、自由意志の権利の行使のために大いに役立つものです。

POINT

あなたには生きている価値も意味も存在し、人生をコントロールする自由意志も権利としてもっています。

あなたの人生のテーマは、一番目が神に帰ることで、二番目が喜びにあふれて幸せに暮らすこと、三番目が魂の計画による課題を乗り越えることです。

# 思う存分、幸せを受け入れる

自分に罪を着せてきた人にとっては、幸せになってもいいとすら思えないし、幸せを選ぶということに相当の覚悟が必要かもしれません。罪悪感は、なんのためにあるのでしょうか？　それこそ機能不全にさせてしまう、感情の鎖です。

罪悪感は、恐れと並んで人間が克服すべき最大の幻想です。幻想といったのは、それは実在しないからです。人間のエゴの部分が栄養のように蓄えている誤った信念なのです。

実在しないとはどういうことでしょうか？　それは、あらゆる全てをひっくるめて神であるとき、神は愛なので、愛に属するものは実在しますが、属さないものは幻に過ぎないということです。

少し難しいかもしれませんね。要するに、愛に属するもの以外は全て人間が創った幻想の産物であり、その代表的なものが罪悪感や恐れだということです。

人には自由意志があり、創造する力があります。愛以外のものを大量に量産していますが、罪悪感や恐れというのは、人が想像できるなかで最強にリアリティーをもつ幻です。もちろん、これらは現実化していますし、現実こそ全てだと思っていたら、さらにリアリティーを安定化させることになります。

ですから、克服するのがとても困難ではありますが、まずはそれらを手放して、幸せを受け入れるということを腹の底から決意したほうがよいでしょう。


心の中からすっかり罪悪感や恐れが消えてしまったら、愛あるものしか引き寄せなくなります。「そのためにはどうしたらいいですか?」と問われても簡単に答えられるものではありません。まずは、罪悪感や恐れの正体を見極めてみることから始めてみましょうか。

あらゆる罪悪感や恐れや不安が生じたのはいつでしょう? 生まれてから生きている間ではないでしょうか? 生まれてからそれらをずっと抱いてきたのは自分です。

どうやって生み出してきたかといえば、体験を通してです。過去の体験データがそれらを生み出して、過去は過ぎ去ったのに、いまだに保持しているわけです。

体験は現実からもたらされました。そして、現実とは幻影だと、これまでにも説明しました。ということは、幻影を通して生み出したものが罪悪感や恐れということになります。したがって、それらは幻に過ぎません。

とはいえ、罪と罰という価値観をもってしまっているわたしたちにとって、犯したものは償わなければいけないという思いがあります。それが正しいことだと信じています。いくら自由意志が絶対的な権利だといっても、人間社会のなかでは、罪を犯せば逮捕され、裁かれます。

真実と現実は合致しません。ここに葛藤があります。

魂のレベルでは罪も恐れも存在しませんし、幸せになる権利を有していますし、幸せに導くエネルギーが流れています。現実レベルでは、確かにリアリティーをもって存在しています。

繰り返しますが、現実だけが全てだと思わないでください。現実がリアリティーをもつことは認めつつ、本質的にはそんなものは幻なのだということを理解してほしいのです。キリストが磔刑《たっけい》にかけられたのは、幻だけど圧倒的リアリティーをもっている人類の罪の意識を一手に引き受けて、人間たちを解放するためでした。

わたしたちの社会では、罪悪感を追わせることと責任を取らせることに躍起になっている光景が見られます。典型的なのはワイドショーです。なにか罪を犯した人がいれば、徹底的に攻撃し、謝罪させようとします。ＳＮＳでも、人を叩く光景があちこちで見られます。

彼らがしているのは、他者を攻撃することによって、自分の罪から目をそらすということです。自分の中に罪や恐れがなければそんなことはしません。他者を攻撃することで、自分を正当化でき、自分は正しいのだと安心することができるのです。そのとき、一時的に自分の罪や恐れから焦点を外すことができますが、根本的には保持しているので、何度も何度も繰り返すことになります。

罪の意識と聞いても、あまりピンとこないかもしれませんが、実際は正しくありたい、間違っていたくないという思いがあり、その不安から人のことがゆるせなくなります。言い換えれば、「わたしは間違っていない」「わたしはなにも悪くない」という思いの裏返しで、間違ったことをした人や悪いことをした人を攻撃するのです。まったく自分と関係ないワイドショーネタにさえ食いついて、批判するのですから、日本人は非常にマイナスのエネルギーを内に抱えているといえるでしょう。「ゆるせない」という思いは、世界中に無尽蔵に存在します。あなたもその波に加わりたいでしょうか？　幸せを全面的に受け入れるために重要なことは、他者をゆるすということです。あなたの人生に奇跡を起こしたければ、あらゆる場面でゆるすという行為を実践していくことです。

罪は実在しないので、本来ゆるすことは不可能なのですが、ゆるすという行為は現実世界で通用する最も威力のある行為です。上から目線でゆるしてあげるというわけではなく、ゆるせないという気持ちを取り消すだけでよいのです。正直、ゆるせないと思っていることの大半はどうでもいいことばかりです。

では、自分や家族が危害を加えられたらどうしましょうか？　子どもを殺害されて何十年も恨み続ける人や、裁判を続ける人がいます。ぼくの答えとしては「幸せを選択するのであれば、ゆるす」ことです。それができない選択ももちろんわかりますが、憎しみや恨みやゆるせないという感情のまま幸せになることは不可能です。

どんな悲劇も自分が引き寄せに関与していますから、全面的に相手の責任ということはありません。感情的には理解できますし、裁判を続けたり、ゆるしてはならないと訴え続けることで社会の意識が変わったりもします。ただ、幸せになるという選択をするならば、ゆるし、手放すことです。

罪と罰の意識が、被害者と加害者の関係を刻銘に刻みますが、わたしたちはみんな同じ源をもつ存在であり、同じ法則下にいる存在です。ゆるしたものから解放されていきます。警戒する目を閉じ、武器を捨て、腕を広げて、幸せを受け入れましょう。

POINT

幸せのためには、それを選択し、受け入れる覚悟が必要です。人々がもっている罪悪感と恐れはあまりに強固ですが、ゆるすことを実践していきましょう。

# あなたの世界はあなたの投影

わたしたちの世界を眺めてみると、とても混沌としていて、不条理で、予測不能で、暴力や欠乏だらけに見えます。なので、こんなことをいうとびっくりするかもしれませんが、その世界はわたしたちの心を投影しているものです。心が映し出された世界を体験しているのです。

これには幾つかのレベルがあり、前にも説明しましたが、全世界は全世界の人たちの集合意識の投影ですし、日本は日本人の集合意識の投影ですし、一人の人が経験する人生はその人の意識の投影です。そして、一個人に関しての影響度は自分＞社会＞世界です。

あなたがなにを体験しようが、それはあなたの内部から投影されたもの、あるいは外部の現象に対して内部が反応して投影されたものです。このことを知っておかないと、自分以外のものに責任転嫁して、逃げ続ける人生になってしまいます。

一人ひとりが別々の世界を体験しています。その中で、あなたは主人公なのです。他者の世界と交わるときは、あなたは相手の脇役となります。他者の世界では、うまく主人公らしく演じている人が見えます。芸能人やスポーツ選手や社長など。かといって、比較して自分を脇役だと見なす必要はありません。誰だって自分の世界の主人公なのです。そして、その主人公のタイプはみんな違っていていいのです。


さて、自分の心が投影した世界を体験しているならば、人生を変える秘訣が見えてきます。それは、「人生を変えたければ自分の心を変えなさい」ということです。

目の前の世界になんとか働きかけて、手練手管《てれんてくだ》を講じて、さまざまな計画を練って行動して、というような従来の考え方はあまり理に適っていないのです。もちろん物理的な行動も重要なのですが、心を変えることこそが最も重要なのです。

行動はいくらがんばっても足し算にしかなりませんが、心を変えることは掛け算になるインパクトがあります。心を変えるとは、思考や信念を変えるということであり、世界に対する見方を変えることでもあります。

神とは巨大な投影機であり、宇宙とはスクリーンだと想像してみてください。わかりやすく比喩で説明します。光源は巨大な光です。その光源には黒い幕が覆われているとしましょう。神は多次元ですが、三次元の私たちには限定的にしか知覚できないため、黒い幕は三次元の覆いだと思ってください。そして、幕には無数の穴が開いていて、そこからの光が宇宙のスクリーンに投影されています。その一つの穴が、あなたの魂の居場所です。スクリーン側を見れば、人間として活動している自分が見え、光源側を見れば光が一体化されています。そうやって、一人ひとりが別々のユニークな姿を宇宙に向けて投影しているのです。

このことを知って、あなたはどうするでしょうか？　ここで話していることは、これまで信じてきた常識とは大きく異なります。新しい価値観は、ときに受け入れることが困難ですが、それはエゴがそう言っているだけで、心の奥では認めているのかもしれません。

このことを踏まえて、「自分の心を見つめ直さないといけないな」と思ったり、「他人の世界に惑わされて振り回されていてはいけないな」と思うのは大変素晴らしいことだと思います。こうした思いが、人生を本当の意味で変えていくのです。

そして、安心してください。周りの世界を変えるには、投影元を変える方が楽です。映画のスクリーンに向かっていくら叫んでも映画は変わりません。投影元を変えるのです。

自分と向き合い、自分の心の中を変えていくというのは、努力と忍耐が必要になるでしょうが、外界をいじくり回そうとするよりもずっと効果的で、長く持続します。これまでいくらがんばっても成果がなかったものも、極めて楽に、いとも簡単に成果が出たりします。そのとき、「人生って楽勝だな」「夢は叶うようにできているんだな」と感想を述べるかもしれません。そんな風に、自然に引き寄せられるようになるまで、歩を進めていきましょう。

POINT

体験している世界は自分の心の投影なので、心を変えていくことが人生を変えていくことになります。

行動は足し算、心を変えることは掛け算です。

# 秘められた創造のパワー

人間とは、つまり創造して、それを体験するということしかしていません。そこには自由意志があり、みんな一人ひとり違う体験ができるようになっています。これがまず素晴らしいことです。人との違いでコンプレックスをもつ人も多いですが、みんな違って当たり前であり、みんな違っていていいわけです。

体験する機能としては、わたしたちには五感があり、感情があります。五感を通して感情を伴う体験をしているわけです。体験するには創造しなければいけないので、創造する機能もまた備わっています。創造に関しては、大部分無意識で行われていて、髪が伸びるとか傷を修復するとか、眠くなるとかは通常意識と関係ありません。無意識レベルの創造は、突っ込んで考える必要はないので、ここでは置いておきましょう。

創造のメカニズムを紐解く上で重要なのは次の三つの層です。

- **潜在意識（信念）**
- **通常意識（思考）**
- **超意識（真の自己）**

引き寄せの法則というと、思考のコントロールや感情のポジティブ化ばかりが取りざたされますが、それだけではないのです。主に三つの層から波動が発せられていますが、いずれにしてもバランスは大切です。皆さんのなかにはインナーチャイルドやトラウマなど、潜在意識寄りの事柄を気にしている人がいるかもしれませんが、自分の弱さばかりにスポットライトを当てても創造のパワーを失いかねませんし、逆にハイヤーセルフや天使など、超意識に頼りすぎても、現実世界では浮いてしまいますし、えてしてそれらは夢見心地に現実をごまかすことになるものです。

この旅では、三つの層をバランスよく解明しながら、創造のパワーを最大限に引き出せるようにします。

創造において、三次元の制約はあるものの、基本的に限界はありません。あなたがこうだと思うレベルの、あなたがこうだと思う人生が引き寄せられます。そこには、どうしても限界が入ってしまいます。なので、限界のない考え方を受け入れれば受け入れるほど、人生の可能性は広がるわけです。

「普通が一番、平凡が一番」という考えもわかります。それもいいでしょう。けれど、大抵は「辛い目に遭うのが嫌だから高望みしないほうがいい」という価値観の表れなのです。別に誰もできないような壮大な偉業を達成することが人生だといっているわけではありません。現状に対して不平不満を言うくらいであれば、限界を打破したほうがスッキリするのは確かです。

制限がかけられた思考を突破していくためには、他の人の人生を観察してみるとよいでしょう。実に多種多彩な生き方がされていて、それらの多くはあなたにはできないと感じるものでしょうが、可能性としてはあなたにもそれができるのです。あとは、そうした生き方に魂が震えるかです。心底そうなりたいと思うなら、可能性の扉は開き、そのための引き寄せが列をなして続いていきます。

残念ながら、憧れる程度では扉は開きません。憧れるという感情は、どこか自分にはできないという信念が組み込まれています。本気でやりたいと思い、本気でやれると信じている人は、引き寄せの法則の知識なんてなくても、どんどんと実現させていくものです。

わたしたちが等しく有している創造のパワーからすれば、大金持ちになることや、その道で一流になること、なに不自由なく生きることや、社会を変えることだって難しくはないのです。それどころか、創造の本質からすれば、これらの達成に難易度はありません。同じ法則が適用されているだけであり、難しいも易しいも本来はないのです。

POINT

潜在意識（信念）・通常意識（思考）・超意識（真の自己）の三つの層から創造していますが、バランスには注意しましょう。創造に限界はなく、難易度もありません。限りない思考に自己を開きましょう。

# この世は願望が実現するようにできている

楽に考えてほしいのは、この世は願望が実現するようにできているということです。プロ野球選手になりたいとか明確で大きな願望はさておき、お腹が空いたからご飯を食べたいなど、日々の小さな願望を実現させながら生きていることに気づいてください。当然できると思っていることは、願望だと意識もせずに日々こなしています。トイレに行きたければ行くことができます。

ところで、プロ野球選手になりたいとトイレに行きたいの差はなんでしょうか？　難しいと簡単の違いがあるなら、その境目はどこにあるのでしょうか？

どちらも同じ創造のパワーが使われています。問題になるのは行程と時間です。プロ野球選手になりたいと思ったら、毎日トレーニングを積んで、技術を磨き、甲子園などで活躍して、プロから指名されなければいけません。そもそも年齢を超えていれば不可能です。トイレに行きたいのであれば、トイレに行って、ドアを開けて、中に入ればいいだけです。

引き寄せの法則としては、磁力のように引っ張るだけですが、行程の長さと時間によっては難易度の差を実感することになります。これは三次元の物理的世界に生きているのですから、ある意味しょうがありません。同じ旅でも、伊豆の温泉に行くのと、ボリビアのウユニ塩湖に行くのとでは、明らかに行程と時間が異なります。

ただ、忘れてはならないのは、目的地に辿り着くまで、ずっと移動しているということです。つまり、引き寄せの法則はずっと引っ張っているということです。その目的地を目指す限り、それは有効です。

わたしたち人間には、「自動願望実現システム」が備わっています。

これは願望として発した時点で磁力が働き、実現へと向かわせるパワーが生じるということです。これは自動的なので、そのシステムを邪魔しなければ、極めてスムーズに物事は実現されることになります。実際には、ありとあらゆる邪魔をしてしまっているのですが、システム自体は楽々と実現させてくれるものです。
自動願望実現システムの素晴らしいところは、いくつものルートを準備していると
いうことで、迷いに迷っても、そこからのルートを提供してくれるのです。どんな状
況になっても諦める必要がないのは、それだけバックアップがしっかりしているから
です。未来まで見通しているナビゲーションシステムなので、未来が見えていないわ
たしたちよりもはるかに正確で役に立ちます。ですから、もっと導きに委ねてくださ
い。

ただ、自動願望実現システムが困ってしまう状況がいつもあります。

**①願望がはっきりしていない**

**②矛盾した願望を同時に抱えている**

**③自信や楽しさというポジティブなパワーが注入されていない**

というときです。①では「伊豆もいいなぁと思うけど、どうしようかなぁ」といっ
ている状態で、②は「伊豆に行きたいけれど面倒くさいし、家でゴロゴロもしていた
いなぁ」といっている状態で、③は「伊豆に行くなんて無理だよ、疲れるよ」といっ

ている状態です。いずれにしても、伊豆に向けて一歩も歩き始めないでしょうね。本人の行動にも現れます。

思い出してほしいのは、自分の世界は自分の心の投影だということです。心がくっきりと明確に願望を描き出していれば、世界はそれに応じるしかありません。行程や時間はあろうとも迅速に世界はついてきます。本来、願望実現というのは努力を必要とせず、自然に成されるものなのです。このことをよく覚えておいてください。

しかし、現実問題として①から③の状態は、往々にしてあります。ですから、第3章の「創造の心」でも願望の明確化とフォーカスの当て方についてお伝えし、第4章の「打ち消しの心」では矛盾した願望を解きほぐしていきます。

POINT

創造には同じパワーが使われているので、実現には行程と時間が関わってきます。

自動願望実現システムがいつでもバックアップしてくれていますが、あなた自身が願望を明確化し、そこに向けて動くポジティブな意欲が大切になります。

# 感情から進むべき行動の指針を得る

引き寄せの法則を語る上で無視できないのが感情です。感情は魂の言葉ともいわれます。感情を注意深く意識して観察すれば、あなたはどれぐらい真の自己である大いなる源と同調できているかがわかります。というのも、大いなる源とは純粋なる愛のエネルギーであり、完全にポジティブだからです。

真の自己の視点から見れば、世の中は完璧であり、全てが素晴らしいのです。ですので、あなたもそのように世界を見ることができれば、真の自己と同調しており、内なるエネルギーをより強く引き出すことができます。

不安や恐怖、嫉妬や焦燥、絶望や憎悪などのネガティブな感情のとき、真の自己とは異なる低い波動になっているということです。引き寄せの法則は、波動の高低に関わらず働いていて、低い波動にはネガティブな出来事を、高い波動にはポジティブな出来事を送ってきます。

真の自己は、実は過去も未来も見通せる視座にいるので、今の視点しかもてない人間よりも遥かに遠くを見通せますし、スーパーコンピューター以上にあらゆるケースを計算して、適切な指針を出すことができます。ですから、自分一人でがんばろうとするよりも、委ねてしまった方がうまくいくのです。

その際、真の自己と同調するということは、「イエス」といわれているようなものですから、うまくいきやすいのです。ポジティブな感情で居続けていると、おおむね良いことばかり起こるもので、波に乗っているような感覚を味わうかもしれません。ポジティブでいても、突然ネガティブな出来事がやってきたりしますが、その仕組みについては、これから信念について突っ込んで話していくなかで理解できるでしょう。

そういうわけで、安心や希望や自信や愛や感謝といったポジティブモードに自分をもっていくことは、引き寄せの法則の王道のアプローチといえます。

ただ、勘違いしないでほしいのは、真の自己はなんだってポジティブに認識しているので、「ノー」ということがありません。ネガティブな感情を感じるとき、「これはノーといわれているに違いない」と解釈する人がいます。それは違います。

例えば、10年くらい引きこもりの人がいたとします。その人が、外に出て人と会ったり、就職活動をしようとするときには、当然不安や緊張というネガティブな感情になります。これを「いい気持ちがしないな、きっとノーといわれているんだ、やめておこう」と受け取って行動化しないとき、果たしてその人は、幸せに向かっているでしょうか？　そんなことはありません。それは解釈が間違っているのです。

ネガティブになってしまうのは、真の自己が「イエス」といっているのに、当人が「ノー」といってしまうからです。コーチングの世界では「コンフォートゾーン」という言葉が使われますが、よく親しんだ安住の領域から出ようとすると人はネガティブな反応が出てくるものです。それはエゴが反応しているのです。真の自己は、もっとチャレンジしてほしいと思っているものです。

真の自己と異なる考え方をしているときに、人の感情はネガティブになるのです。これを覚えておいて、少しでもポジティブにいられるように、ものの見方を変えていきましょう。あらゆることには、プラスの側面があるもので、そういうプラスの側面を見つける習慣をつけていったほうがいいです。

ちなみに、虫の知らせのように「ノー」のサインを送ってくれるときもあります。そのときは少し違う感覚がします。「なんだかわからないけど嫌な感じがする」という類いのものなので、言い換えれば、インスピレーションです。そういう場合は信じて受け取ってみてください。アンテナが拡大していくと、こうしたインスピレーションもたくさん受け取れるようになっていきます。

**POINT**

**ポジティブな感情であるほど、真の自己と同調しており、良い出来事を引き寄せやすくなります。ネガティブな感情のとき、「ノー」だというサインと取らず、単に真の自己と異なった見方をしていると理解してください。**

# 感情と行動のバランスで引き寄せは変わる

引き寄せの法則ブームのなか、表面的な理解から過度なポジティブシンキング信仰が広がりました。ポジティブシンキングは引き寄せる上でプラスなのは間違いありませんが、そこには落とし穴も幾つかあります。こうした落とし穴をちゃんと説明しておく必要性を感じています。

まず、行動と感情の関係ですが、このようにイメージしてみてはいかがでしょうか？行動はアクセル、感情はギアです。感情のギアの数字が低いほどネガティブな感情で、高いほどポジティブな感情になります。絶望や不安から希望や愛まで何段階にも分かれているギアです。

低いギアで思い切りアクセルを踏み込んでも、車はなかなか前へ進みません。ものすごいエンジン音を立てますが、スピードは出ません。そのうちエンストを起こします。高いギアで、小さくアクセルを踏んでも、馬力が伝わらず、こちらも車はうまく進みません。

ギアを上げていくにしたがって、アクセルを強く踏めるようになります。ギアとアクセルがマッチしているとき、車はとても静かに、スムーズに走ります。勢いがついてしまえば、アクセルを踏ん張る必要もなく、足を添えているだけで、車は高速で進んでいきます。

行動と感情も似たようなものなのです。

感情が希望や安心や自信や愛など、ポジティブであるほど、物事はうまくいきます。その理由は、ポジティブになるほど波動の周波数が高くなり、神のエネルギーに近くなるからです。わたしたちの真のアイデンティティと共鳴した波動となり、宇宙のバックアップがスムーズに起こります。

ポジティブシンキング引き寄せがまったくうまくいかないのは、大きく二つ理由があります。

**・感情を無理にごまかしているに過ぎない**
**・エゴが調子に乗っているに過ぎない**

車でもいきなりギアを一速から五速に入れたりしたらエンストします。本当の感情は低いのに、無理に上げようとしたり、ハッピーなふりをするのは人生にエンストを起こさせることになります。

引き寄せの法則ブームは残念ながらこの二つでつまずく人を多く生み出してしまいました。

キラキラでハッピーな感じのスピリチュアル先生は最初のポジティブマインドへの気づきをもたらしてくれることが多いのですが、感情の矛盾を抱えてしまう人も多く生み出しているのではないかと思います。釈迦もキリストも著名なスピリチュアル指導者も静かで落ち着き払っていて、実はキラキラハッピーな人はいないことを考えてみてはどうでしょうか?

エゴが強い先生は、エゴの世界をよく理解しており、短時間の夢を見せることは得意です。ですが実体は、他人のエゴを食べて自己のエゴを太らせているだけなのです。

宗教もそうですが、甘くキラキラとした言葉で誘うものと、不安や恐怖を煽って誘うものがあるので、重々注意したほうがよいでしょう。

ギアとアクセルの話に戻りますと、なかなかギアが上がらないとき、つまりネガティブスパイラルに陥っている人は、ギアが低速であるほど踏ん張りのパワーを出せることを思い出してください。そして、ゆっくりとアクセルをふかしていきましょう。急いで結果を出そうとするのは禁物です。

自分の感情を見つめることなしに、無理に虚飾を加えるのはやめてください。根本的な解決にはなりませんし、人生は変わりません。

また、自分の感情のエネルギーを軽視して、それを抑圧するのもやめてください。すごく辛いことがあったのに、その感情を抑圧させて、「わたしはハッピーだ」と振る舞うのは大変危険です。感情は外に解放されていくものですから、どんな感情でも溜め込まずに、素直に外に出しましょう。

物質的な願望実現ばかりを重視し、人と違う優位さを得ることでいい気分になろうとしている人は、真の自己と調和するどころか、エゴに主導権を乗っ取られています。
真の性質は愛であることを忘れないようにしてください。

POINT

**感情はギア、行動はアクセル、二つのバランスを心がけましょう。ポジティブシンキングは引き寄せる上で大切ですが、自分の感情に嘘をついたり、抑圧したりしないように気をつけましょう。**

# 思考は現実化するが、現実化を妨げてもいる

ナポレオン・ヒルの名著、『思考は現実化する』（きこ書房など）。アメリカの成功者たちのインタビューを通して見いだした成功法則を分厚い一冊にしており、単なる行動論だけではない思考のパワフルな創造力について述べています。

思考は現実化するのですが、実をいうと、多くの場合は現実化を妨げてもいます。

このことを取り上げてみましょう。

わたしたちの思考は非常に複雑で、矛盾をはらんでいるものです。例えば、年収一億円で優雅な暮らしがしたいと思っていても、一方では金持ちや成功者に嫉妬や軽蔑をしている思考があったり、稼ぎ方に選り好みする思考があったり、本心は自分に自信がなかったり、本当は生活が変わるのを恐れていたりします。また、貧乏が嫌だ

とか、楽をしたいという思考の裏返しとして、年収一億円を挙げているので、そうした後ろ向きの自己認識も波動を発しています。

年収一億円の優雅な暮らしに対する引き寄せの磁力は存在しますが、それ以外の干渉する磁力も多数存在しているので、願望実現が宙ぶらりんとなってしまいます。

多くの人は都合の良い願望の思考だけに焦点を当てて、そのほかの邪魔している思考を無視しているのです。これらの邪魔している思考は、ずっと長く思ってきた思考の習慣であり価値観であることがほとんどです。これが信念と呼ばれるものです。ですから、信念レベルで現実化を妨げているわけです。

普段の自分の思考に対して、多くの人が無頓着です。思考は、外界から情報をインプットしたときに反応として生じています。素敵なコートを見たときに、「これほしい」と思ったり、ニュースを見て「ひどい政治だ」と思ったり、一日の中でも数多くの反応とともに思考が生まれています。それらも、人生の創造に影響を与えているのです。

わたしたちは日々洗脳されて、波動の傾向をつくってしまっていますし、無頓着にさまざまな波動を垂れ流しています。だから、障害物だらけなのです。一心に一つのことに集中できるならば、障害物は少ないでしょう。それならば、実現も早いのはいうまでもありません。天才と呼ばれる人たちは、一心不乱に一つのことに打ち込むタイプが多く、引き寄せの法則的には、それによって才能の芽が開花するだけでなく、障害物となる波動が少ないため、とどまるところを知らない躍進を遂げます。

どんな情報を取得するか、何を見るか、どんな人と付き合うかは、自分で選択ができるので、もう少し注意を払ってみてください。馬鹿げたことだと思うかもしれませんが、医者が出てくる健康番組を見て、さまざまな病気のリスクを知ることによって、それらの病気を引き寄せやすくなるのです。人の批判ばかりしているワイドショーを見ていると、自分にも批判する思考習慣が定着してきます。決して影響は無視できません。

マスターと呼ばれる人たちともなれば、影響を受けることはありません。彼らは動じないのです。不動の心を支えているのは、智慧です。意味がないものは意味がないと、ただ通り過ぎさせるのみなので影響は受けないのです。影響を受けるということは根底に恐れがあるからです。あなたも智慧がしっかりと血肉となれば、思考は安定し、揺るぎない人生が展開されていくでしょう。

POINT

**思考は複雑で、現実化を妨げる矛盾した思考も発しています。思考に影響を与える外的なものに無頓着にならず、注意深く選択してください。**

# 自分の信念と向き合わなければいけない

信念レベルで現実化を妨げているという話をしました。これは本書のなかでも中核的なテーマです。

どんなに克明に願望のイメージを思い描けても、どんなに感情がワクワクして良い気分を味わえたとしても、どんなに集中して何度も願望が実現した姿を想像しても、どんなに占い師にいい予言がされても、どんなに守護霊が力を与えていると言われても、どんなに新月や満月にお祈りしても、あなたの信念は願望実現の邪魔をします。

それは引き寄せるという目的達成の前にたちはだかる、最大最強の敵です。

信念とは、長く習慣的に抱いている思考の習慣であり、過去のデータが導き出した結論です。信念はエゴという人格を作っている構成パーツです。

なにも邪魔するものがなければ引き寄せの法則はシンプルにすぐに働き、目に見える形で現れます。しかし、これだけ引き寄せの法則が流行っているのに、人生を変えられた人、願望を実現できた人が少ないのは、信念にまで取り組めていないからです。

そう簡単に、意のままに引き寄せられるようにできる術はありません。ビギナーズラック程度の引き寄せなら全然可能ですし、事実それぐらいならあなたも体験しているかもしれません。根本的に人生を変えるためには、どうしてもあなたは自分の信念と向き合わなければいけません。

具体例でいうと、このような信念が、あなたの中にも見つかるかもしれません。

- **自信がない、なにをやってもダメだ**
- **生きている価値がない、幸せになれる資格がない**
- **人生で成功するのは本当に難しい**
- **お金がいつも足りない、全然貯まらない**
- **人が恐い、人付き合いが苦手だ**
- **素敵な人と出会えない、このままでは結婚できない**

ただの悩み事のリストアップだと思うかもしれません。そうした悩みがあるからこそ、引き寄せの法則やスピリチュアルの智慧で人生を変えようとしているのだということはわかります。しかし、それらが全部波動として発せられていて、その思いと同じ人生を引き寄せの法則が運んできているという事実を受け入れてください。

都合の悪い邪魔者を放っておいて、素敵な引き寄せができれば嬉しいところなのですが、こうした信念はパワーをもっており、望む引き寄せの障害となります。

自分の心の中にスポットライトを当て、信念を見つめてください。それは、単に隠さず、明るみにし、それらを受け入れるということです。まず受け入れ、抱き取ってあげなければ、手放すこともできません。それらは感情的な強いパワーをもっているので、それらを鎮めてあげることが必要なのです。

自信がない、というのはある意味しょうがないことかもしれません。すぐに自信はもてるようにならないでしょう。けれど、どうして自信がない自分になったのか、深く深く見つめてあげてください。親や先生に否定されたことかもしれませんし、テストの点数が悪かったことかもしれません。色々な原因が見つかるでしょう。その上で、自信がもてるようになりたいという願望にフォーカスを当てて、過去から未来へと変化していくことを明確に意識するのです。

自信がないからといって、自信があるフリをするのは、感情を抑圧し、信念を保持させることになります。フリをすることにはメリットもありますが、まずは自信がないという古き感情と和解した上でやるべきです。

信念を無視したり、抑圧させるほど、泥沼の迷宮に迷い込むことになります。信念については以後でも取り上げますが、それまでに一度、時間をとって、瞑想の中で問答してみたり、紙に書き出したりしてみてください。

POINT

**信念は願望実現を妨げる最大最強の敵です。信念は無視したり抑圧させたりすることなく、深く深く見つめて、問いかけ、受け入れて、抱き取ってあげてください。**

# 成功はプロセスにあり、幸福は今にある

大いなる源や真の自己は、あなたの願望実現と幸せな人生を心から応援したいと思っていますが、なにをもって成功や幸福とするかにズレがあるようなので誤解を解き、ズレを埋めておかなければなりません。

人々は結果主義で、どんな結果を出したか、どんなことを成し遂げたかが成功や幸福の指標となっています。目に見える地位や実績や所有物、また人がどれだけその達成を難しいと感じるかによって、ジャッジされます。もちろん、ごく普通のありふれた安定を成功や幸せだと捉える価値観も有していますが、いずれにせよ現在どんな結果を出しているかが問われています。

生命は永遠であり、魂がぐるぐる誕生から死まで生涯を体験しているように、ある時点での結果や所有物など、どうでもいいのです。人間は、限られた命、限られた時

間、限られたリソース、限られたチャンスというように、いつも制限を前提においた見方をしているので、どうしても結果主義になってしまいますが、より広大な視座からみれば、はっきりいってどうでもいいのです。

ということは、人々が考える成功や幸福は、真の自己が考える成功や幸福とは合致しないということです。あなたが極めて意味があると思っているものは、究極には意味がないということです。わたしたちは意味のないものを追いかけ、さまよっているのでしょうか？

あなたが選択する行動と目的、あなたが体験する喜びや幸福感は、真の自己もよくわかっており尊重しています。ただ、もっと本質的な成功や幸福があるということに気づいてもらいたいと思っています。

成功とは結果にあるのではなく、プロセスにあります。わたしたちは、創造と体験しかしていません。生きる日々の瞬間瞬間こそが大切なのであって、なにかを獲得することや集めるため、なにか特別なものになるために誕生してきているわけではありません。この真実は価値観をひっくり返します。

どうせ死んだときに全て捨てていくのに、なんの意味があるでしょうか？　どう生きるかがなによりも大切なのです。何かを達成したときの喜びは、そのあとすぐに消えていきます。次々に過去へと流れていきます。喜びがあったのは、そこまでのプロセスがあったからです。

成功や幸福は、ある結果への到達ではなく、そこに至るまでのプロセスにこそ存在します。結果は、次を目指すモチベーションの起爆剤となります。ですから、良い結果でも悪い結果でも、プロセスを生み出し、成功となります。

究極のところ、なにも達成しなくても、成功と幸福の状態で常にいられます。特定の結果や所有物が指標にならないならば、どんな状態であっても関係ないのです。生きているという創造と体験の繰り返しそのものが成功と幸福なのです。今、生きている、今、在るだけで充分なのです。

このことが理解できると、あるがままの生き方の素晴らしさを感じられるようになってきます。今のまま、なにも欠けることなく、なにも追い求める必要性なく、自由に創造できる裁量は委ねられたまま、瞬間瞬間の今をしみじみと感じながら生命として存在する。幸せになるためには、なにも必要ではなかったのだと人生を振り返るかもしれません。

そうした境地に辿り着きたいのであれば、結果主義の価値観を捨てて、常に渇望して追い求める人生ではなく、あるがままの姿に目を向け、ありのままの自分を認めてあげてください。

POINT

**わたしたちは結果ばかり追い求めてきましたが、真の成功と幸福はプロセスにあるので、いつでもその状態でいられます。今、生きている、今、在るだけで充分だということがわかると、あるがままの人生を楽しめるようになります。**

# 人生が完璧であることを受け入れられるか

わたしたちの人間社会は理不尽さや暴力や差別らにあふれ、とても幸せには生きられないような狂気の世界を映し出しているように見えます。なぜこんな世界になってしまったのでしょうか？　わたしたちの世界の大半はエゴから生み出されているからであり、神のエッセンスである愛から生み出たものがまだまだ少なすぎることが原因です。

何度もお話ししていますが、神の子である人間たちには自由意志が与えられていて、創造の力をもっています。ですから、このような狂気の世界を現実のものとして維持することができますし、神であっても自由意志に反する形で支援はできません。ただ、誰もが幸せになりたいということは知っているので、神はずっと、真の自己を思い出すように呼びかけているのです。

多くの人が、その声には気づきもせず、耳を傾けようともしません。子どもが玩具にあまりに夢中になりすぎて、母親の声が聞こえていないようです。しかし、玩具を壊しすぎて、いよいよなんとかしてほしいと親にすがりつき始めました。けれど、親は玩具を直してはくれません。そもそも玩具を卒業してもいいのではないかと、優しく諭《さと》すのです。

人間社会の狂気は、真実の映画館で映写されている幻想の映画のようなものです。映画がどれだけ不条理で残忍で狂っていても、映画館には何事も起こっておらず、ただただ静かです。

同じことが個人にもいえます。あなたがどれだけ苦しみ、人を憎み、外道な振る舞いをしても、魂はただ静かでなにも変わっておらず、あなたの感情体験を貴重なデータとして刻むだけです。

ここでいいたいのは、狂った様相を呈しているわたしたちの人間社会は、全てという観点からみれば、ごく一部でしかないので、それだけを信じる必要はないということとです。真実という大海原に浮かんだ難破船のようなものであり、目を向けさえすれば、もっともっと完璧さを見ることができます。

人生は完璧なのです。これを受け入れることができるでしょうか？　人間が手を加えていない自然を見てみてください。なんて完璧に調和が取れているのでしょうか。生命の躍動するエネルギーが神秘的な調和を伴って表現されています。人間にもこれと同じエネルギーが流れているのです。また、第六感や感情を通して、神からの呼び声や魂からの声を感知することができます。

個人の人生を見ても、たくさんの完璧さを発見することができます。過去を振り返ってみたら、辛かった体験も伏線となって現在に続いていることがよくわかります。望まない体験は新しい願望の波動を発していて、そうした新しい波動が実現化していくことで、絶えず人生は前進していくのです。

プロセスに成功と幸福があると言いました。今、あらゆる面で満足している必要はないのです。伏線が連なって連なって、人生のタペストリーを編んでいるわけで、完成のない拡大を続けていることに完璧さがあるのです。

「いや、実際に現実として完璧さを見たいんだ」というかもしれません。それもいつでも見ることができます。見ようとしてみてください。この狂ったような世界であっても、完璧さや美しさはそこかしこに見つけられます。それらが存在していることを確信していて、見たいと望むなら、引き寄せの法則がいくらでも巡り合わせてくれます。

それは、穏やかな気候の中に見るかもしれませんし、あなたが丹精込めて作った作品のなかに見るかもしれませんし、友人との交流のなかで見るかもしれませんし、親孝行のなかで見るかもしれません。至る所にあります。そのようなヴィジョンで世界を見るならば、あなたが投影している映画もまた変化していきます。必ずです。

正直なところ、わたしたちは完璧さから逃れることなどできないのです。ですから安心してください。リラックスしてください。

POINT

わたしたちの社会の狂った世界は、完璧さの上に浮かんでいるごく一部に過ぎません。

人間社会にも個人の人生にも、完璧さを見いだすことはできます。全てを覆っている完璧さが見えるようになると、投影している世界も変化していきます。

# 自然に帰れば、奇跡すらも日常になる

わたしたち人間は自分たちで創りだした迷路の中で迷い、自分たちを守るために創った牢屋にはまってしまっているのです。この滑稽さに気づいている人は、もうすでに真の意味で生きることに目覚めつつあります。

「そうはいっても現実を変えていくのは難しい」というかもしれません。しかし、迷路を手放し、牢屋を手放せばいいだけなのです。わたしたちがそれらに意味を与え、重要視するから強固で逃れられないものになってしまうのです。

とはいえ、単純なことをこれ以上ないほど複雑にしてきたわたしたち人間にとって、単純なことを行うのは至極難しいことだということはぼくも実感してきました。悟りのプロセスのなかでは全てがシンプルになっていきますが、それをシンプルに実行するのはいまだに難しいと感じるときがあります。

人は、得たい得たいと思っているので、逆の行動がまったく取れません。自分から捨てたり与えたりするのが苦手で、そうする意味すらも理解できなかったりします。

自然に帰るというスタンスが、無理なくそれらを成し遂げます。「自然に帰る」という言葉にはさまざまな意味を含みますが、要するに無駄なものや異常なものをそぎ落としていってシンプルにすることです。

具体的には、どんなことを実行できるでしょう?

**①際限なく追い求めるのをやめる。**
**②物質から幸福を得ようとするのをやめる。**
**③考えてばかりいるのをやめる。**
**④未来の心配をやめる。**
**⑤過去を持ち出すのをやめる。**
**⑥なにもしないでいてみる。**

⑦目標や計画を捨ててみる。
⑧人に期待するのをやめる。
⑨人からどう思われるのかを気にするのをやめる。
⑩結果を求めるのをやめる。
⑪虚勢を張るのをやめる。
⑫容姿を気にするのをやめる。
⑬老化や年齢を気にするのをやめる。
⑭身体の不調や身体のハンディキャップを気にするのをやめる。
⑮なにをすべきか、なにを食べるべきか、など「～すべき」をやめる。
⑯こうしていたら、こうしていれば、など「たられば」をやめる。
⑰足りない、できない、など「～ない」というのをやめる。
⑱人と比較したり、人を批判することをやめる。
⑲自分を信じないことをやめる。
⑳攻撃することと守ることをやめる。

これが20のリストです。随分たくさんのリストです。シンプルになるために気をつけたいことは多いものです。しかし、こうしたことを真摯に実践していくと、あるがままの生き方や、今に在るという生き方に近づいていきます。

多くのことをやめてみたときに気づく、なにかがあります。今までも存在し、これからも存在するものですが、よく見えていなかったものです。それらを是非見つけてください。

それらはとても普通のことのように感じるかもしれませんが、同時に奇跡的なことに感じるかもしれません。そもそも奇跡とは自然に現れるものですから、自然に帰れば、奇跡が日常となっていきます。奇跡とは特別なものではありません。普通でないものを特別視してきたので、価値観が逆転したとき、普通のものが特別のことのように思えます。そうすると奇跡は特別に思えますが、あるべき姿に戻っただけなのです。あるべき姿に戻ったのであれば、より強く感じられるはずです。愛の存在を。

POINT

20のリストを具体的に実践しながら、無駄なものや異常なものをそぎ落とし、人生をシンプルにしていきましょう。自然に帰ることで奇跡が日常となっていきます。

# 愛についてくもりなく見つめてみよう

あまりにも手垢のついた愛という言葉を再定義してみることは無駄なことではありません。人間が神の子であるならば、神のエッセンスをもっているはずです。神が愛であるならば、愛は人間のエッセンスであるはずです。そんな本質的なものを、このまま歪ませて疎遠にしてしまうのは道理に適っていません。

もしかしたら神が愛であるという証明や、人間が神の子であるという証明をほしがっているかもしれませんが、残念ながら理性に納得のいく形で証明することはできません。ここでは、頭で考えるよりも心で感じることのほうが重要かもしれませんね。

愛とはなんなのでしょうか？　愛はどんな感じがするのでしょうか？

問いかけてみてください。生命に愛が宿っていなかったら、地球はどうなっていたでしょうか？　地球が存続しているということは、愛が宿っていたからでしょうか？

問いかけてみてください。これが愛だったと思い出せるものはなんでしょうか？　誰かの笑顔でしょうか？　言葉でしょうか？　抱擁でしょうか？　体内にあるエネルギーでしょうか？

問いかけてみてください。愛は現れたり消えたりするものでしょうか？　多かったり少なかったり、うまく表現できたりできなかったり、正しかったり間違ったりするものでしょうか？　愛には形があるのでしょうか？　形を変えたりするのでしょうか？

問いかけてみてください。愛はあなたのなかにあるでしょうか？　誰かのなかにあるでしょうか？　外にあるのでしょうか？　探すものでしょうか？　満ちているものでしょうか？　降り注ぐものでしょうか？　なにかをもたらしてくれるものでしょうか？

問いかけてみてください。愛に温度はあるでしょうか？　光はあるでしょうか？　見えるのでしょうか？

先人たちは愛を伝えてきました。数え切れない方法で。数え切れない言葉で。「愛は無条件である」といった先人たちがいます。「愛は無償である」といった先人たちがいます。「愛は生命である」といった先人たちがいます。「愛は与えることである」といった先人たちがいます。「愛は永遠である」といった先人たちがいます。

彼らはいったいなにを伝えたかったのでしょうか？ 先人たちが語ってきたことはきっと正しいのでしょう。そうであるならば、愛に対してひどい誤解をしてきたかもしれません。愛について、くもりなく見つめてみましょう。

POINT

**愛について、心深くに問いかけてみてください。先人が伝えたかった愛の意味を知ることで、愛への誤解を解き、愛を見つめ直してみてください。**

# 第3章

# 「創造の心―創造―」

## 人は誰でも願望を実現し、人生を創造していける

第2章「受け入れの心」で、既成の価値観を弱体化させ、新しい価値観と真実に目を開いてもらいました。それらは人生を変えていくための、いわば地ならしでした。この第3章では、創造すること、願望を実現することにもっとフォーカスを当てて、具体的なテクニックについてもお伝えしていきますが、地ならしがないまま、願望実現法ばかりにフォーカスを当てても、エゴを刺激するばかりになるので、本末転倒にならないようにガイドしてきました。

智慧の上に信念は育ちます。まず知ることがなくては、信じることができません。信じるならば、知っていることを実行します。恐れを信じるならば、恐れに基づく行動になりますが、真の自己を信じるならば、真の自己に基づく行動になっていくことでしょう。

第3章
「創造の心 ー創造ー」

さて、もう一度繰り返しますが、わたしたちには、創造の機能が備わっており、心のなかが世界に投影されて、形として体験します。一人ひとり異なる個性を有し、異なる体験から異なる願望をつくりだし、唯一無二の人生を送ります。ですから、自分の願望を実現し、物理的に体験することは根本的に保有している機能なのです。

この時点で疑いをもつのはナンセンスです。それは、料理人になって店まで持ったのに、「なんで料理をするんだろう」と思うようなものです。

素晴らしい機能をもっていることを強調させてください。そして、喜びましょう。地球は広大な宇宙のなかでもとりわけ魅力的な環境で、これまでにない劇的な時代を迎えています。だからこそ、地球の歴史のなかでも比類ない数の魂が、今この時代に肉体に宿っているのです。

魂の領域からみれば、今が絶好の時で、魂を分割させてでもこぞって人間に宿りたいくらいです。宇宙人たちだって、「今、地球が面白いことになっているぞ」と注目しているくらいです。今、生きていることに拍手を送りましょう。

ご存じのようにわたしたちは大変な時代を生きており、のっぴきならない状況のなかにいるのは確かです。しかし、ＲＰＧゲームは世界の平和が脅かされたときから主人公の冒険が始まるように、魂からすればワクワクするものなのです。

とにかく、この素晴らしくもとんでもない時代を生きることは創造の醍醐味を堪能できる良いチャンスなのです。この時代に、創造の仕組みを知らないのはもったいないこと。わたしたちは意図的に人生を創造していけるのですから、創造の仕組みに精通して、人生をデザインしていきましょう。

意図的に創造できること、人生をコントロールできることを知りましょう。それができるのです。誰でもできるのです。知るだけでなく信じて実行し、体験を通して味わってください。

POINT

地球は魂にとって絶好の時代を迎えており、いま肉体に宿って生きているのは大変価値があることです。

誰もがもっている素晴らしい創造の機能を、意図的に使って、人生をデザインしていきましょう。

## 引き寄せの法則の仕組みと感情のエッセンス

ここで、引き寄せの図式をシンプルに説明しておきましょう。人が出している波動と似た現実が磁力のように引き寄せられて、人生体験として起こる。これだけです。例えば、「青色の車」と言葉に発したり、思考したり、イメージしたら、青色の車が現れるわけです。もちろんランプの魔神がいるわけでもありませんし、そんなに直接的にすぐに出現するわけではありません。諸々の変数が加えられます。しかし、シンプルにいえばこんな感じなのです。

では、疑問点をつぶしていきましょう。まず、現実に引き寄せられるまでに時間がかかる点についてですが、わたしたちは物質的な次元に生きていて、物理的に体験しているためにそうなります。波動には周波数があり、高速の振動は目には見えません。

その振動が遅くなって、物質化します。思考やイメージの状態は、目に見えないレベルであり、その振動が遅くなって物質化するまでに時間がかかってしまうのです。そして、物質的な次元では、すでに存在する物質に影響を及ぼす形で物質化されるので、目の前に青色の車が出現するのではなく、結局すでに販売されている青色の車を手に入れるという馴染みのプロセスで実現化するということになります。

波動は地球中どころか宇宙にも発せられているので、引き寄せの法則があらゆるものを動かして、実現化させていきます。

時間がかかるのは、もどかしいものですが、時間の変数がなければ、「死にたい」といった時点で死んでしまいます。取り消したり、修正したりできる時間が与えられているぶん、本当に引き寄せたいことに集中できるものです。

そして、成功と幸福はプロセスにあると伝えたように、時間がかかることで、プロセスを味わい、楽しむことができるのです。その点、全てをなくすときというのは一瞬です。多くの人が得るには時間がかかり、失うのには時間がかからないことを嘆きますが、それは失うプロセスを長く味わわせないための優しさなのです。成功と幸福のプロセスを長引かせてくれることに感謝しましょう。悲劇が瞬時であることに感謝しましょう。

さて、なかなか引き寄せられない理由については、これまでも説明してきました。あまりにもたくさんの波動を日々発しており、そのなかに矛盾し合うものもたくさん存在しているので、複雑に干渉し合ってなかなか順調に望みは実現しません。ですから、さまざまなものをそぎ落として人生をシンプルにしていくのが究極の引き寄せの道なのです。

また、思っていたものと違うものが引き寄せられることについていえば、あなたからの波動を受け取っている大いなる源の視点からすれば、細かい具体的な色や形などはどうでもいいということが大きいです。それは人間だけが気にしていることです。ホンダの車だろうがメルセデスの車だろうがどうでもよくて、おおむね感情のエッセンスがポイントになります。

高級車がほしいというとき、感情のエッセンスは「成功者の証として手に入れたい」

という自慢願望かもしれません。であれば、自慢できるものを引き寄せることになります。同じように恋愛でも、「この人じゃないと嫌」と本人がいっていても、感情のエッセンスが「孤独を癒やしてくれる優しい人がそばにいてほしい」であれば、何人もの候補を引き寄せることになります。

宇宙はたくさんの贈り物を与えてくれようとしますが、実際には、わたしたちが選り好みすることで多くの可能性を排除しているのです。

わたしたちはモノや出来事などあらゆることに名前を付けて、レッテル貼りをすることに慣れているので、具体的に名前を発してお願いをしますが、大いなる源にはその言語はわかりません。ただ感情のエッセンスは精緻《せいち》に理解できているので、そのシグナルに合わせたものをいくらでも届けてくれます。意に沿わないものであっても、感謝して受け取ってみてはいかがでしょうか？

明らかに望むものと正反対のものばかりが届いているな、と思うなら、それは「逆引き寄せ」状態になっているということです。「孤独を癒やしてくれる優しい人がそばにいてほしい」というときに、孤独ばかりが続くときは、「孤独である」という感情のエッセンスが強力だということです。

こうした逆引き寄せについては、またいずれ取り上げますが、自分が普段よく発している感情のエッセンスはどんなものなのか、一度じっくり分析してみるのもいいかもしれません。

POINT

実現化には時間がかかりますが、そのおかげで願望を取り消したり、修正したりすることができますし、プロセスを楽しみ、味わうことができます。

引き寄せには具体的な名称よりも感情のエッセンスのほうがポイントになります。

# イメージを使った願望実現法

非常に広く知れ渡っている願望実現法の定番といえば、イメージを使ったアファメーションです。すなわち、実現した光景を想像するというやり方です。言葉も強力ではありますが、映像の情報量は言葉の比でないように、イメージは非常にパワフルです。

イメージは具体的であるほうがいいでしょう。なぜなら感情が沸き上がりやすいからです。感情のエッセンスが強く放出されているほうが、引き寄せの磁力は強まります。「一念岩をも通す」というように、混じりっけなしの強い願望は、確実に実現をもたらします。

イメージは具体的であっても、実現には具体性を要求しないでください。前節でも伝えましたが、感情のエッセンスに応じて、さまざまな贈り物の候補を用意してくれています。選り好みすることで、贈り物をつっぱねてしまってはもったいないです。イメージの具体性は、あくまでリアルな感情を喚起させるためです。

イメージが具体的であると、本当に体験しているような気分になるかもしれません。感情が動いて、涙を流したり、声を上げたりすることがあるかもしれません。それはとても良い兆候です。感情が動かない願い事は、引き寄せの磁力が弱いものです。

できれば、すでに実現したような気持ちになって、その感情を全身で感じてください。よく願い事は断定形で書きなさい、すでにそうなったかのように書きなさい、といわれますが、理に適っているといえます。

1日1回、5分程度イメージワークをやることは無駄ではありません。5分で結構です。長くやっても、感情の新鮮味がなくなるだけですし、現実的になって冷めてしまうかもしれません。ワークをやったら、あとは忘れてしまって結構です。何度も思い出して、願望のエネルギーを高めようとする必要はありません。がんばりすぎると逆引き寄せに傾いていくので注意しましょう。

あなたにとって無理がないのであれば、常時実現したような振る舞いをするのは、意図的に引き寄せる力になります。俳優が役作りするように、理想の自分になりきって日々過ごすのです。ぼくはよく、俳優のトレーニングが願望実現法に使えることに気づきます。役作りもそうですし、イマジネーションを鍛え、現実のように感じるというのも俳優が行うことなのです。なので、セミナーでは、そんな俳優流のワークを教えることもあります。

役作りワークのコツをお伝えしましょう。ぼんやりと役になりきろうとしても無理なので、やはり具体的にしていくことが大切です。理想の自分の生活スタイル、姿勢、服装、考え方、所有物、愛読書、趣味など具体的なデータを紙に書き出してみるといいでしょう。誰かロールモデルがいるならば、動画などを見てじっくり調査してみましょう。楽しいワークだと思って取り組んでみてください。

ちなみに、ぼくの表の顔の一つは演劇のプロですが、俳優の役作りが実生活に影響を与えることがあります。さすがに自分と役の違いは根底的に理解しているので、金持ちの役を演じたら金持ちになったり、殺人ミステリーをやったら殺人現場に遭遇したり、というようなことはありません（悩みの末に結婚するカップル役の一人が、その後すぐに結婚したなどはありますが）。それでも、作品のテーマに関する情報が自然と目に飛び込んできたり、台本に書かれている台詞がドンピシャにはまる状況に出くわしたりすることはよくあります。ですので、あまり、重い悲劇はプロデュースしたくないです……。イメージにはそのような引き寄せのパワーがあります。

POINT

**リアルな感情が沸き上がるイメージを思い描き、すでに実現したような気分を味わってください。**
**感情のエッセンスと新鮮味が引き寄せの鍵になります。**

# 言葉を唱えたり紙に書く願望実現法

他にも定番の願望実現法があります。まず紹介したいのは、言葉で唱えるというもの。日本では言霊というように、言葉にはそれ自体波動が宿っていて、引き寄せる力をもちます。

口に出すということは、表明するということです。「わたしは〜です」という言葉は、自分自身の表明ですので、「わたしは幸せです」「わたしは豊かです」という言葉によって、実際にそうなるのです。

とはいえ、ここにも落とし穴があり、心の中で反対のことを思っているのならば、言霊といえど効果はありません。罪を犯したのに「わたしはやっていません」といったところで、結局は暴かれることになります。裏腹の信念を抱えながら言葉を唱えるのは詐欺を働くようなものです。大いなる源は騙せません。

ですから、ホ・オポノポノのように、何度も同じ言葉を唱えたところで、心の中が変わっていないのであれば無意味かもしれません。ホ・オポノポノは自分のマイナスの潜在意識と和解するためにおまじないのように唱える点に一定の意味がありますが、何度も何度も唱えることにプラスの効果はないと思います。それどころか、マイナスだと自覚している潜在意識に対して何度も言葉を発するのは、そのマイナス面を持続させるだけでしょう。

言葉というのは、不思議なもので、人から言われると信じやすいものです。ヒーリングもヒーラーからのパワーで治癒しているのではなく、単に言葉を受け取って自分の中の信じるという波動を高めているのがほとんどです。占いも、それを信じるならば、引き寄せの法則が結果を届けます。ですから、例えば朝の番組の占いであっても信じるならば結構当たるのです。言い換えれば、信じる人が当たりにいくのです。

人は、口に出す言葉よりも心の中の言葉のほうが圧倒的に多く、かつ本音を話しています。ですから、心の中の言葉のほうにもっと注意を払ったほうがよいと思います。人は自己の存在の全てから波動を発しているのですから、表面的な言葉や思考だけに意識を向けるのではなく、深いところで響く言葉や思考にも意識を向けてみてください。

セルフアファメーション（自己肯定宣言）をするならば、自分にとって抵抗感を感じない無理のない言葉を選ぶといいでしょう。毎月の支払いにすら困っているのに「わたしは豊かです」といっても、それは嘘になります。「わたしは少しずつ豊かになっている。なぜなら引き寄せの法則を知って豊かさの波動を心がけているからです」といえば、間違っていないなと思えるでしょう。どうせちょっとずつしか変わっていかないものですから、急な結果を求めようとせず、今より少しだけ前向きな言明をしていけばいいのです。

次に、紙に書く願望実現法を取り上げます。これも、定番ですが、特に引き寄せの法則初心者の人に適しています。書くという行為は意識的ですから、普段無意識に思考を垂れ流していることに意識を払い、望む姿にフォーカスを当て、そこにエネルギーを注ぐことができます。

「書けば願い事が叶う」と短絡的には考えないでください。なぜなら、創造は自分のパワーであって、誰かが代理で引き寄せてくれるわけではないのです。こうした願望実現法にハマる人の中には、他力本願で、自己のパワーをいまだに信じられていない人が見受けられます。それでは人生は変わっていかないのです。

他力本願と流れに任せるのは違います。自動願望実現システムが備わっているように、自然と願望は叶うので、その流れに身を任せるのは良いことです。それと、自分には力がないので宇宙の力を利用するという考え方は異なります。

また、多くの人はルールをほしがります。どんな文章で書けば良いのか、どんな紙に書けば良いのか、いつどのくらいの頻度で書けば良いのか、など。はっきりいってそれらに意味はありません。ルールがあると、信じやすいというメリットがあるだけです。唯一ルールがあるとするならば、がんばらずに自分の好きなペースで書き、いつでもやめていいということです。

こうした願望実現ワークは、サブ的なものであり、引き寄せの法則の真髄ではありません。軽い気持ちで、過度に期待せずに取り組むといいでしょう。

POINT

言葉を発する願望実現法では、無理なく嘘なく、少しだけ前向きな言明を心がけましょう。

紙に書く願望実現法では、がんばらずに好きなペースで行い、他力本願にならないように注意しましょう。

## フォーカスを使った願望実現法

わたしたちの潜在意識も通常意識も超意識もスマホの電波のように波動を発していますが、それらは周波数にかなりの幅があります。

例えば、おなじみのヘルツを比喩として使うと、健康な生活が1000Hzだとしましょう。しかし、あなたは健康状態が芳しくなく、400Hzから500Hzを行ったり来たりしているとします。願望の波動は1000Hzを出し、大いなる源が1000Hzの健康生活を未来に用意しました。あとは、あなたが恒常的に発している波動を1000Hzにアジャストしていけば、迅速に引き寄せられます。

どうすればアジャストできるのでしょうか？　イメージを使って健康状態をリアルに感じることも1000Hzになりますし、「以前より病気は減った（600Hz）」「おおむね快調に過ごせている（700Hz）」というように、少しずつ言明を理想に近づけていくことも良い方法ですね。

いずれにしても、現在の不調の状態からフォーカスを外さなければ、４００〜５００Hzの波動ばかりを発して、現在の状態を引き寄せ続けることになります。ですから、フォーカスというのは非常に大事なのです。

多くの人は、現状を嘆き、不平不満を言うことによって、現状維持の波動を強力に発し続けています。その状態で、より高い波動を受信できるわけがありません。

常時理想の周波数を出そうとがんばる必要はありません。しかし、少なくとも、マイナスな現実からフォーカスを外し、気にしないようにしましょう。どうやってフォーカスを外すのでしょうか？　別のことにフォーカスを当てればいいのです。

多くの人が無意識的に、フォーカスを外す逃避行動をとっていますが、なにかあればすぐに現状のマイナスにフォーカスを強く当ててしまいます。現状に対しては、疑うことなく信じていますし、感情もそのフォーカスにマッチしているので、引き寄せの力は強力です。かくして、現実がなかなか変わっていきません。

あの手この手を講じて、メインで発している波動をチェンジさせることができるのが人間の素晴らしいところです。発している波動はあなたの選択です。ウジウジと無力感の波動を発していても、それが選択だと捉えられ、引き寄せの法則は選択されたものをあなたに近づけるだけです。

現状が嫌なのであれば、現状にフォーカスを当てて強めるのをやめましょう。望む姿にフォーカスを当てたり、現状の中でも満足できるものにフォーカスを当てましょう。あなたには選択する力があります。人間が一点集中することに長けている性質を利用してください。

願望自体にフォーカスを当て続けるのは実際には困難です。目の前の生活を送りながら、実現してもいない未来の姿にフォーカスを当て続けられますか?

おすすめしたいのは、目の前の生活のなかからプラスのものにフォーカスを当てるよう習慣づけるということです。人生がどん底だという人だって、全てが真っ暗なはずはありません。得意なこと、うまくいっていること、楽しいこと、ほっとすること、さまざまにあるはずです。肯定的な側面を見つけてください。

人間は目の前の出来事に反応する生き物なので、そう簡単にはいきません。しかし、フォーカスをチェンジさせる努力は行っていった方がいいでしょう。自分の人生を変えることができるのは自分だけなのです。

実際、マイナスのものを見ようとしなければ、プラスのものが見えてきます。プラスのものはいくらでも存在しているのです。人生は完璧であり、奇跡は自然なのですから、存在しないはずがありません。

POINT

**現状のマイナスな部分にフォーカスを当てて、不平不満をいうのは、現状維持を引き寄せるだけです。**
**フォーカスを変えることもプラスのものを見つけることもできます。習慣にしてください。**

# 現実を直視するのをやめよう

わたしたちの現実を直視する習性についてもう少し突っ込んで話しておきましょう。わたしたちは目に見えるものばかりに囚われますし、目の前に起こることにその都度反応しています。わたしたちは、一点集中型で、長期的な視点で物事を見るよりも、いま目の前で起こっていることに一喜一憂する傾向があり、したがってあとになってうまくいくことでもやたらと騒ぎ立てたりします。

人間というのは、時間と空間のなかで今を生きることに特化しているのです。大いなる源に属する真の自己のように、あらゆる可能性や過去と未来までも見通す力はありません。現実への直視や五感への依存をやめていけば、もっとそうした見えない情報も内側から受け取ることができるのですが、そこまでの感度をもっている人はごくわずかです。

全体を見通す力は人間にはいりません。真の自己が見通していて、ガイドをもらっているのであればそれでいいのです。役割分担でいきましょう。わたしたちは、今しか見えなくていいのです。前世も知らなくていいですし、未来の予言も必要ありません。ただ、見えざる情報をキャッチできるように心の準備をしておきましょう。

見えざる情報をキャッチできるようになるには、目に見えるものばかりを信じる習慣から退いてみるのが先決です。虫の知らせやインスピレーションがもっと身近になっていきます。

現実ばかり見ることは、感情面にとっても良くないことが多いのです。必要以上にネガティブな感情に駆られてしまうことがあります。人生は完璧なのに、ネガティブなレッテル貼りに終始しないでください。贈り物を見逃すことになります。また、感情がネガティブになるということは、それだけ真の自己とは同調できていないという印ですから、願望実現の上でも後退します。

なにより現実を直視し、それをリアルに感じ、反応として感情が動くということは、引き寄せの法則の条件が揃っています。感情が動くくらい信じているのですからそれは強いものです。良いことであれば、そこからラッキーが重なるかもしれませんが、悪いことであれば泣きっ面に蜂となることもあり、感情が落ちていってネガティブスパイラルに巻き込まれます。

では、どうすればいいかというと、精神の成長レベルによって分かれます。

**レベル1……現実の肯定的な側面にフォーカスを当てるように注意し、否定的な事柄が起こっても気分転換を心がける。**

**レベル2……いいことも悪いことも、自分を成長させてくれるものと理解して、感謝して前に進む。**

**レベル3……現実をあるがままに見て、なにも固執せず、なにも反応せず、通り過ぎさせる。**

レベル1は前節でもお伝えしました。レベル2は、どんなことが起こってもプラスに捉えるようにし、最初から反応を決めておくという卓越した生き方です。レベル3

になれば、反応すらせず、ただ受け取り、過去に流す生き方で、完全に今に在る生き方です。

一気にレベルが上がっていく感じですが、レベル1を実践していくだけでも過酷な現実は減っていくでしょうし、ピンチになっても救いの手が現れやすくなります。レベル2になると、現実と和解が成立し、人生の完璧さを感じられるようになってきます。レベル3になると、浮き世離れしてきて、外界の出来事から影響を受けない覚醒した生き方となっていきます。

現実を過酷で辛辣なものだと捉えていますか？　現実は予測不能だらけで対処することは難しいと捉えていますか？　そうであるなら、生活のなかでもたびたび不安や緊張を感じていることでしょう。常に現実に対する怯《おび》えがあるのです。その怯えも引き寄せの波動を放っています。

そうはいっても人生から予測不能を取り除くことはできませんし、何が起こるかわからないのに楽観的に過ごすことはできないというでしょう。ぼくからのアドバイスは、そんななかにいても「楽しむ」という姿勢をもってくださいということです。

未来がわからないから人生を楽しめるわけですし、予測不能は実際のところ贈り物です。なにもかもに怯える人と、なにもかもを楽しもうとする人は、同じ出来事でも反応が異なります。人間には反応を操作する能力だってあるのです。これは素晴らしい能力ですから、是非反応上手になりましょう。

ぼくはスピーチやプレゼンの仕方を教えてもいますが、人前で話す緊張や不安に苛《さいな》まれている人に対しても楽しむ姿勢を伝え、即興に強くなるよう導いています。楽しむ姿勢が身につけば、失敗することも格段に減ります。同じように人生においても、楽しむ姿勢があれば何事もうまくいくのです。

POINT

現実を直視することで、ネガティブな感情に拍車をかけることがあります。肯定的に捉え、感謝として受け取りましょう。何が起こるかわからない人生は贈り物です。楽しむ姿勢をもち、肯定的な反応ができるようになりましょう。

# 信じる気持ちが創造を加速させる

まだ実現していないことを、必ず実現すると信じるのは難しいことかもしれません。わたしたちというのは、信じるための目に見える確証をほしがるものです。その確証が出そろえば信じることができます。子どもの頃はなんでも信じていたのに、大人になるにつれ、収集する情報によって信じる度合いが変わるということになりました。

たまになんでも素直に信じられる大人がいます。現実面では苦労も多いようですが、そんな彼らは引き寄せも上手です。どれぐらい純粋に信じているか、どれくらい純粋に願っているかは、やはり引き寄せの速度や規模と関係しています。その純粋さは、疑いのなさと葛藤のなさともイコールです。

引き寄せの法則を信じていないという人が検証実験を行ったところで、引き寄せられるわけがありません。信じていないということをサポートする実験結果を引き寄せるだけでしょう。非科学的だという人もいますが、科学的な実験であっても、必ず実験者が信じているかどうかが結果に影響を与えているものです。量子物理学でも物質は観察者の影響を受けると指摘しています。

どれぐらい信じられるかが引き寄せの法則を優位に働かせることができる鍵ですが、かといって「信じなさい」ということはできません。スピリチュアルは宗教ではないのです。自分自身でしか信じることはできないので、体験を通して気づきを得ていくのが、結局信じるパワーを強めることになります。

「信じたい」という気持ちは、「信じていない」といっているのとあまり変わりません。疑っているから信じたいのであり、確証がほしいから信じたいのです。悪いことが起こると、人は社会や他者のせいにしがちですが、そうした責任転嫁はなぜか信じています。自分のせいでないものは信じられるのに、自分のことになると信じることが急に苦手になってしまいます。

それは「恐れ」が人を支配していることの証拠です。わたしたちが大事そうに抱えているのは恐れであり、大事そうに隠しているのが罪悪感です。信じるパワーを取り戻すことは思っている以上に難儀で、自分の恐れや罪悪感と向き合わざるをえません。

飛ぶ鳥を落とす勢いで成功を重ねてきた人が突然、失速するとき、その人はおそらく恐れや罪悪感に背後から肩をつかまれたのでしょう。「こんないいことがずっと続くはずがない」「みんなが自分の財産と地位を狙っている」「こんなに手に入れたのになんで幸せじゃないんだろう」「どんなに成功しても死んだら終わりだ」などと、色々なささやき声が聞こえてきます。

苦境のなかにいる人や挫けてしまった人にとっては、「わたしは罰を受けているのかもしれない」「幸せになる資格がない」「誰よりも劣っているのでどうせ失敗する」「誰からも愛されていない」などとささやき声が聞こえます。

物質的な価値観を盲信していたら、成功人生を歩んでいるように見えてもどこかで恐れや罪悪感が顔を出します。これらを克服していけば、あるのは永遠の生命、絶え間なく続く成功と幸福です。そのためには信じるものを新しい価値観とともに移していかなければいけません。それがスピリチュアルの道です。

「なにも信じられないんです」という人の気持ちも理解できるのですが、大いなる源からは、自ら目隠しをしておいて「なにも見えないんです」といっている風に見えるのです。いつまで目隠しごっこをするのでしょうか。

マスターたちが「さぁ、目隠しを外しなさい、よく見てみなさい、そうすれば信じられますよ」と高らかに言っています。しかし、そんなことを言われても、慌てふためいて壁に頭をぶつけることになるでしょう。呼びかけの声は勇気づけてくれますが焦る必要はありません。あなたはゆっくりと目隠しの場所を探し、それを手に取り、少しずつずらし、真実の光に目を慣らしていけばいいのです。

**POINT**

**純粋に信じていて、純粋に願っていれば、創造を加速させます。信じることを邪魔するものは、物質的な価値観や恐れです。**

# がんばるから引き寄せ疲れになってしまう

なかなか引き寄せられないのは精神的にもつらいもので、せっかくポジティブな感情で過ごせていてもいつしか疲れていってしまうのも無理はありません。「引き寄せられない」ということについて話しましょう。

まず、現実化したときに「引き寄せられた」と人は言いますが、現実化するのは最終段階であり、その前から引き寄せられつつあります。なので、結果として体験していないだけで、すぐ近くまで来ているのかもしれません。霧の中で宝物のついたロープを引っ張っているような感じです。ですので、普通、ほとんどの願望は引き寄せられていない状態です。正確にいえば、引き寄せつつある状態です。

すぐに結果を求め、すぐに目に見える確証をほしがるわたしたちは、引き寄せられたか引き寄せられていないかばかり気にして、大いなる源との調和から外れてしまいます。良くない癖ですね。ですから、成功や幸福は結果にあるのではなくプロセスにありますよ、と注意を促しているのです。

引き寄せられない理由（厳密にいえば引き寄せが遅々として進まない理由）は、あなたが想像するよりたくさんありますが、代表的なのは「がんばる」ことです。がんばるから引き寄せられないのです。

この世は、自己の投影に過ぎませんし、自動願望実現システムが働いているので、勝手に実現するのですが、どうも法則をテクニック化させ、がんばって励んでしまいます。そのとき、矛盾した信念を同時に活性化させてしまい、ずっと綱引きしているような状態になっています。綱を一旦離してみてはどうでしょうか？　反対側から引っ張っているのも自分なのですから。

「がんばる」という言葉は、どちらかというとネガティブ寄りです。幸福で平和で満ち足りているときになにをがんばるというのでしょう？　マイナスな状態あるいは、なにかが達成されていない状態を示唆します。また、がんばるという言葉は、物理的な努力を連想させるものであり、自然な流れに任せるという姿勢とは反対です。

ポジティブな意味が含まれる言葉にするなら「はりきる」のほうが良いです。この言葉は喜びや楽しさを連想させます。


引き寄せのコツをシンプルに言い表した言葉として、「いい気分でいる」「ワクワクする」というのがありますが、悲痛なほど人生を変えたいと思っているくせに、こういうときに楽をしたいと思うのはなぜでしょうか。他の大事なことから目をそらして、「いい気分」と「ワクワク」ばかり実践しようとします。これはあまりに表面的です。この言葉は真実でシンプルですが、あなたは幻想を抱き、複雑化している人間だということを忘れてはいけません。

あまりにも物事を悲観的に捉えて、服役しているような心情で人生を送っている人にとっては「いい気分」や「ワクワク」を目指すだけでも結構です。けれど、所詮そこは入り口であり、人生を根本的に変えるためには、もっと深掘りして自分と向き合っていかなければいけません。

POINT

ほとんどの願望は引き寄せられつつある状態ですので、現実化していないからといって気に病むのはやめましょう。がんばることは引き寄せられない代表的な理由です。また、楽をしようと「いい気分」「ワクワク」だけを実行しようとするのは表面的すぎます。

# 引き寄せの落とし穴に落ちないために

自分の人生をいかようにもコントロールでき、望む人生を創造し、喜びと幸福に満ちた生活を送る。人から愛され、たくさんの友だちがいて、何不自由なく好きなものを買えて、貯金もどんどん増えていき、ストレスがなく、いつも笑顔が絶えなくて周りの人たちも幸せにしている。ちょっとビジネスを始めたらあっという間に人気になって、告知したらすぐに人が殺到してしまう。年間を通して、しょっちゅう海外に行き、バカンスを楽しんでいる。

こうしたキラキラとした自分になることを夢見ているかもしれません。逆転の人生を期待しているかもしれません。多くの人はそれが落とし穴だということに気づいていないのです。

人はなんにでも依存しがちですが、とりわけ「楽なこと」と「気持ちいいこと」は依存しやすいものです。それは人生が苦しくて気分の悪いことばかり続いているからなのかもしれません。手っ取り早くその逆が手に入るなら、進んで盲目になります。ですから詐欺師は夢見心地にさせますし、考えさせないようにします。

キラキラ引き寄せに、はまらないようにしましょう。夢を見ることで満足していませんか？　本当の詐欺と違って、キラキラした人生を引き寄せることは可能ですが、眠っている状態で実現するのは夢の中だけです。目覚めれば現実として実現できますが、そのためには夢を見ることをやめなければいけません。

夢を見てはいけないのでしょうか？　ポジティブな感情は引き寄せを加速させると言っていたではないでしょうか？　イメージすることが願望実現法だと言っていたではないでしょうか？　ここに混乱が生じます。

ぼくが促しているのは、創造のパワーを知って意図的に活用することで真の自己との関係性も深めるということであって、欲を刺激してエゴを肥大化させたり、他人に依存して自己のパワーを失うことではありません。

キラキラ引き寄せがまったく機能しないと言っているわけではないですし、それで華々しい人生を手に入れる人もいるのですが、一方では彼らは闇を抱えており、夢を見続けなければいけないプレッシャーにさらされています。

キラキラな人生は基本的に物質的な豊かさに根ざしており、社会的な価値基準から割り出された、自分だけが特別だと悦に入るための私利私欲でしかありません。エゴが強いのです。

結局、引き寄せの法則ブームをもたらした層は、引き寄せの法則を精神的な成長や目覚めのために活用した人たちではなく、エゴを肥大化させるために活用した人たちであり、本質から外れてしまっていることで引き寄せ難民を多数生み出しました。

人生は完璧であり、そこに成長がありますが、引き寄せられたか引き寄せられなかったかばかりが問われ、真実の智慧が手の届くところにありながら放置されています。

ただ、こうしたことは引き寄せの法則やスピリチュアルに限った話ではなく、ぼくが携わっている演劇の世界もそうですし、本質を追究する層はそうでない層と比べて圧倒的に少数なものです。

第３章
「創造の心 ―創造―」

人生の問題は全てエゴから生み出されており、エゴを肥大化させることは、問題の解決になりません。ですからキラキラへの憧れや欲を満たすための引き寄せでは問題がなくならないのです。実際には、エゴは、何度も解決したように見させたり、何度もおいしい思いをさせてくれます。めくらましや問題のすり替えが得意ですし、答えを発見しては新しい問題をつくりだすことが得意です。

エゴの勢いに任せた人生も波瀾万丈ですし、感情体験をたくさん積み重ねて自己成長もできます。お酒に酔っているような感覚ですが、ふと気づくと、周りが雑然と散らかっていることに唖然としたり、急に孤独感や虚しさを感じたりします。

悟りの道は神らしい生き方ですが、エゴの道は人間らしい生き方です。問題や波瀾万丈だらけでも、「だって人間だもの」といえば、それまででしょうね。浮き沈みの多い人生のなか、たくさんのものを得て、たくさんのものを捨てて、喜怒哀楽にあふれた濃密な人生を送るのは悪くはありません。

POINT

楽なことと、気持ちいいことに依存してはいないでしょうか？　キラキラな人生を求めることで、落とし穴に落ちていないか問いかけてみましょう。

キラキラな人生はエゴが先導しており、エゴはどこかに問題を作り続けます。

# 目の前のことに没頭する

フォーカスの話をしましたが、フォーカスが完全にうまくいっているとき、人は没頭状態に入っており、この状態は「ゾーン」や「フロー」ともいわれます。このとき、時間が経つのも忘れてのめりこみ、急激な成長や驚きの成果をもたらします。フロー理論を提唱したミハイ・チクセントミハイ（ハンガリー出身の米国の心理学者）は、人間の幸福は物質的にどれだけ手に入れたかではなく、どれだけこの状態に入れるかであると考えました。

実は、この没頭状態こそ、人々が一度は体験したことがある「今に在る」状態です。スピリチュアルマスターが、「今に在るように」「あるがままでいなさい」というので、とても高尚な印象を受けてしまうかもしれませんが、簡単にいえば、余計な思考がなく、自分の内面や自然界に没入しているか、目の前の一つのことに集中しきっている状態なのです。「没頭」はスポーツや勉強などで見られる能動的な今に在る状態ですが、非常に静かで、受動的に「観察」している今に在る状態もあります。

意図的に創造活動をしていく際、この「没頭」は非常に使えます。余計な思考が鎮まっているぶん、エゴの声が聞こえませんし、内なる真の自己からインスピレーションをたくさん受け取ることができます。没頭が終わると、どっと疲れが出ることがありますが、没頭中は疲れを感じにくく、痛みすらも忘れているときがあります。ふと我に返って、背中が痛いな、目が疲れたなと気づきます。

没頭に入りやすいのは、自分にとって興味のあること、好きなことです。また、なにをすべきかわかっているときです。筋トレにはまっているとして、腕立てをしようか腹筋をしようかと迷っているときは没頭に入れません。腕立てなら腕立てと、その行為に完全に集中しているときが没頭です。

なにも考えずに興味をもったものに集中するときが子ども時代にあります。そのとき、運動能力の向上や物事の仕組みの理解など飛躍的な成長がもたらされています。

親が「さぁ置いて。もう行きますよ」と止めてしまうことがよくありますが、なるべく没頭を邪魔しないようにしましょう。そんな子ども時代にピアノやテニス、フィギュアスケートや将棋など、特化したことをやらせれば、その没頭の度合いに応じて天才が育つものです。没頭できるのであれば、大人になっても同様のことが可能です。

繰り返しますが、わたしたちの無駄な思考が引き寄せの邪魔をしています。あれやこれや考えるのはエゴであり、エゴは孤独や不安や嫉妬やうぬぼれなどをすぐに持ち出すため、わたしたちは真の自己と調和が取れなくなっていきます。

もしあなたにとってどうしても成し遂げたいことがあるのなら、未来の結果は気にせずに今に没頭してください。パワーは今という時間にあるのです。未来を気にすると、パワーがそれてしまいます。目の前の行為に夢中になってください。他のことを忘れるくらいに。

静かで受動的な、「観察」している今に在る状態もあるといいましたが、それは瞑想のときです。静かに座っていても、自然の中を歩いていてもいいのですが、このときも余計な思考に邪魔されず、穏やかに一点に集中しているか、あるがままの流れゆく世界に集中しています。

「没頭」も「観察」も、真の自己と調和し、神のエッセンスに満たされているときです。いつでも、その状態になれるわけではありませんが、意識的にトライしていくことで、少しずつコツをつかんでいけるでしょう。自分なりの方法を模索してみてください。

POINT

「没頭」は思考の邪魔がない、今に在る状態であり、幸福感や成長をもたらしてくれます。

自分にとって興味のあること、好きなことを、未来の結果を気にせず、目の前の行為を通して夢中になるならば、「没頭」のなかにいます。

# 無制限のマインドを手に入れよう

物質的な次元にいると、なにもかもが有限に思えるので、物質に執着してしまいがちですが、物質的な次元を支えているバックグラウンドには無限さが広がっているのです。有限さと無限さは繋がっているので、有限に見える世界であっても、可能性は無限です。

あなたの実現はあなたの思考と信念次第です。無制限な思考で、無制限の実現を信じるならば、わたしたちにできないことはありません。どんなことだって実現できるのです。しかし、ここにも混乱があります。そうはいっても、瞬間移動はできないし、空も飛べないし、地球上の悪人だけを消すということもできないし、老化も止められない。どう現実を見ても、どう先人たちの例を参照しても、できないことばかりです。

なので、もう少し現実的なレベルで、制限を広げていくアプローチを取ってみましょう。

　まず、地球上の悪人だけを消すということは不可能です。これは神が与えた自由意志の原則と反しますし、神は悪人だと見なしもしませんし裁くこともありません。このように、あらゆるものの存在の根本的なエッセンスである大いなる源に反することは全的に不可能です。悪人だとレッテルを貼り、悪人を殺害することは人間の自由意志の範疇で可能ですが、漫画のように瞬時に消したりというのは無理です。

　瞬間移動も、空を飛ぶことも、老化を止めることも、不可能ではありませんがどんなに子どものように純粋に信じていても実現はできないでしょう。それは物理的な次元に最初から同意して生まれてきているので、地球の物理的な制約である重力の法則や細胞分裂の仕組みを変えるほどの強大な意図をつくりだせないのです。

　通常、別の形で実現します。空を飛ぶのなら、飛行機や気球で解決できますし、ドローンを飛ばしてVRで体験するのも実現といえるでしょうし、夢の中で空を飛ぶなら今晩にも実現できます。老化を止められなくても、運動や美容でカバーできますし、ぎゅっと圧縮した人生を送ることである意味意図していることは実現できます。（か

って は千年以上生きていた時代もありましたが）

具体的な形よりも感情のエッセンスが大事だという話をしましたが、形にこだわらなければ、感情的に満足できる実現をもたらせるので、結局奇跡的な形ではなく、現実的な形で願望が変形して実現するのが普通です。

ちょっとガッカリしたかもしれませんが、物理的な実現であればもっと容易なので、漫画のような奇跡を夢見るよりも、現実での夢を無制限にしていったほうがいいと思いませんか？　ほとんどの人は、もっと些細なレベルの制限でアップアップしているのです。

「お金がない、借金を返済できない、友だちができない、恋人ができない、結婚ができない、仕事がうまくいかない、成績が上がらない、病気が治らない、自信がない」

という欠乏の制限は幾つも見つかるのではないでしょうか？

「失敗するかもしれない、邪魔されるかもしれない、将来に備えなければいけない、早く結婚しないといけない」など、may や must の制限もたくさん抱いています。

わたしたちはこれらの制限を極めて自然に受け入れています。当然のように制限を保持しているのです。

そして、制限とはそうだと思っている思考や信念に過ぎず、これらは生まれてから蓄えたデータに基づいてそうだといっている思い込みに過ぎません。これらを裏付ける証拠はいくらでも見つかるでしょうが、そうした証拠も自らが引き寄せることで思考と信念を強固にしているのです。

わたしたち人間が元々、創造したいものを創造し、体験したいものを体験できるように誕生しているのであれば、どうしてそんな無数の制限が立ちふさがるのでしょうか？　おかしいと思いませんか？　おかしいと思うことによって制限のほころびを見つけることができます。

これらの制限は全て幻想です。まやかしであり、思考と信念で強固にしなければ、消えていきます。これらの制限を強固に保持しながら、自由に願望を引き寄せることはできません。

より限りない思考と信念に変えていくのです。そのためには、現実ばかりを凝視したり、起こったことに気を病んだり、起こらないことに固執したりするのをやめていきましょう。人間は神の子であり、神のもつ創造力を受け継いでいます。

POINT

**わたしたちの実現は無制限ですが、物理的な形をとって代替的に実現するのが普通です。**
**欠乏の制約やmayやmustの制約などを無数に保持し、過去のデータが強固にしていますが、それらは幻想に過ぎません。**

## 揺るがない確信と焼けつくようなヴィジョン

揺るがない確信があれば、制約なんてものともしないのではないでしょうか？　未来のことは予測不能ですが、常に磁力を放ちあらゆることを引き寄せているのですから、未来は約束されているといえます。約束された贈り物が届くことを心から確信しているなら、多少の制約などはねのけてすみやかに実現するでしょう。

１００％の確信でなくても構いません。束にした制約を上回る確信があるのなら、ちゃんと贈り物は最高のタイミングで届きます。とはいえ、今の状態では制約のほうが遙かに上回っているかもしれません。ですから、「～ない」という思考の習慣を進んで外していかなければいけません。どうぞ「～ない」という思考が頭に浮かぶたびに不採用通知を突きつけてください。

焼けつくようなヴィジョンは、制約をはねのけます。将来、絶対にこれを実現するんだとヴィジョンを抱き、フォーカスし続けるなら、引き寄せのパワーは増大します。引き寄せの法則は、どれぐらい長くフォーカスを当て、どれぐらい強いポジティブな感情を保持するかで実現のパワーが変わります。

自動願望実現システムが働いているので、目標と計画を綿密に立てるのは、それほど有効ではありません。計画を立てることによって、計画違いになったときに、ネガティブになりがちですし、流れに任せるという姿勢が失われ、計画に対してがんばって行動するようになってしまいます。

明確なヴィジョンがあれば、引き寄せの法則がそこに至る道のりを何百通りも用意してくれます。人は計画を立てると、そのたった一つの道に固執してしまい、他の可能性を排除してしまいます。計画を立てるならば、柔軟に変えていきましょう。

目標も計画も、フォーカスを散漫にさせず、実現に向けてエネルギーを効率よく注ぐという意味ではメリットがあります。多くの人にとって、流れに任せることを始めると惰性に流されて、楽をしようと怠慢になってしまいますから、目標と計画は多くの人にとって助けになります。

物理的な道のりを通る以上、行動化は避けられません。しかし、「〜しなければいけない」が多くなると、また制約にがんじがらめになってしまうので、「〜したい」という感情の流れに乗って、焼けつくヴィジョンを追いかけてください。「〜したい」は魔法の言葉です。こんなに単純で、こんなに魂と共鳴しやすい言葉はありません。魂から引き上げた「〜したい」を、意識的に頭の中に響かせていきましょう。

人間にとって、厄介なことは「忘れる」ことです。忘れることはとても便利で、わたしたちの生活を守り、波動をクリーンにしてくれますが、せっかく見つけた情熱的なヴィジョンでさえも、毎日の生活のなかで忘れていきます。そうすると、フォーカスが当たらなくなり、引き寄せの速度が遅くなってしまいます。

そういう意味で、紙に書いて、部屋に貼っておくとか、スマホの画面に表示させるようにするとかは良い方法です。でも本当は、そんなことせずとも焼きつけておきたいものです。生涯の夢を追いかけるならばなおさらです。

ぼくは俳優を育てていますが、彼らは入学したての頃は熱く燃えているのですが、半年も経てばアルバイトのことなど生活のことばかり考えるようになります。そんな人たちを数多く見てきました。大きな夢は、プロセスも長くなるものです。そのとき、問われるのは長く長くフォーカスを当て続けるということです。本当は、これが難しいのです。

遠い遠い先にあるヴィジョンを延々と追いかけるのはさすがに疲れることでしょう。ですから、目の前の「今」から喜びや楽しさを見つけなければいけません。それらはたくさんあります。目の前のことに没頭できることが、道を継続させる秘訣です。

POINT

**揺るがない確信と焼けつくようなヴィジョンがあれば、多少の制約は気にならなくなります。「〜したい」という気持ちが「〜ない」を上回るようにしましょう。ヴィジョンを追いかけるコツは目の前のことに没頭することです。**

## 繋がることでパワーを増幅させる

わたしたちは根源的にはみんな一体なので、物質的な肉体を使って、別々に分かれて存在しているように錯覚していても、「繋がる」ということが依然としてできます。気持ちを一つにするという体験をしたことがあるでしょうが、わたしたちが放出している波動は、引き寄せ合って集合的なエネルギーを形成します。繋がり合ったエネルギーは、世界を平和に導いたり、戦争に追い込んだりもしてきました。

繋がるということを、人間のもつ素晴らしい能力の一つだと捉えてください。あなたなら、この繋がる能力をどう使うでしょうか？　わたしたちが日常生活のなかで繋がりを求めるときは、自分の寂しさを埋めたかったり、自分のビジネスの利益を上げるためだったり、エゴイスティックな求め方が多いのですが、真の繋がりは一切損失を発生させず、拡大し、満ちあふれます。そんな真の繋がりを意識してください。

繋がりにおいて意識しておきたい３つについて話しておきましょう。

まずは、「人との繋がり」です。実感していると思いますが、人との繋がりはパワーになります。困難なことも、人と繋がることで乗り越えることができます。家族や親友など特別な関係だけでなく、すべての人と繋がることができます。もちろん、価値観の合わない人もたくさんいるでしょうし、嫌いな人もいるでしょう。それでもできる限り価値判断をせずに、兄弟姉妹だと思って見てください。

魂のレベルでは分け隔てなく交流をしているものですが、肉体に宿った人格同士ではどうしても敵味方をつくりがちです。恐れが根底にあってそうするのですが、お互いに理解し合い、恐れを取り除いたならば、人類はまさに一つの共同体であり、かけがえのない仲間です。

地球上での願望実現のためには、必ず人の力が必要になります。人を恐れるのは、自分と違うからであり、自分が予想できないことをしてくるからですが、そのことはどうにもならないことです。違うということを前提に生まれてきていますし、自由に自分だけの創造をする権利が与えられています。こうした機能をみんながもっていることを尊重しましょう。

人を利用しようと繋がるのではなく、愛から人と付き合うようにしてください。相手はそれでも恐れを感じてあなたを攻撃するかもしれませんが、そういうときは無理に繋がろうとする必要はありません。自由を尊重するのも愛です。

それから、常に繋がりを感じていてほしいのが、「内なる繋がり」です。つまり、真の自分であり、大いなる源であり、神との繋がりです。

よく、「内側で繋がる」「内なる声を聞く」などといわれますが、それは物質的に心臓や脳を指しているのではありません。存在の中心であり、魂という玄関のことを指しています。もう少しイメージする場所を特定させたいのであれば、頭頂から尾てい骨までエネルギーの軸が通っていて、楕円形のオーラが周りを包んでいると想像してみてください。その中心部は、位置的には心臓の近くで、ハートチャクラと呼ばれる場所になります。瞑想中にその部分を意識するのもいいです。もしかしたら、魂の玄関をくぐって、その先にある世界を見てしまうかもしれません。

内なるエネルギーと繋がっている人、真の自己と同化している人は、人間のレベルを超えます。奇跡が日常となり、災厄《さいやく》は避けて通り、楽々と巨大なことを成し遂げ、世界中に影響を与えます。


最後の繋がりは、「自然との繋がり」です。生命あふれる植物や動物、壮大な景色との繋がりを感じてください。自然は完璧さと驚異の宝石箱です。子ども時代には誰もが強い興味をもっていましたが、大人になると、無機質な人工物ばかりを見るようになってしまいました。

自然は、太古の昔、肉体をもたない神だったときの投影が今も残っています。自然はわたしたちの神性を思い出させてくれます。人間たちは活動のフィールドを人工的な世界に置いているので、大自然のなかに浸ることは極めて稀かもしれません。大自然のなかに入らなくても、生命はたくさんあります。柵で覆われた空き地でさえ、のびのびと雑草を茂らせます。人工的に整備された街路樹や、飼い慣らされたペットでさえも、やはり驚異的な生命を発見することができます。

わたしたち人間には、繋がる能力があります。それは少しの間、見つめたり、手にとって触るだけでできます。試しに近くにある文房具でも手にとって、3分くらいじっと見つめたり、興味をもって触ってみてください。愛着を感じ始めている自分に気づくでしょう。

ですから、人の目をじっと見つめたり、握手してみてください。その人と繋がることができます。自分の心の中心部に意識の目を向けてみて、胸に手を置いて、温かさを感じてみてください。動物や植物をじっと観察し、手で触れてみてください。あなたには見えませんが、エネルギーが行き交っています。あなたはエネルギーを送り、エネルギーを受け取っています。繋がりの輪を広げていきましょう。

POINT

エゴイスティックに自分の利益のために繋がろうとするのではなく、真の繋がりを感じてください。

人との繋がり、内なる神との繋がり、自然との繋がり。興味をもって見つめ、触れてみてください。

## 究極の創造では、あらゆることが静かで自然に起こる

「創造の心」と名付けた旅では、引き寄せの法則の仕組みを理解し、意図的に願望を実現する術を学んでもらいました。忘れてしまった創造力を思い出し、意識的に活用することで、人生を豊かにし、幸せにしていくのです。それらは、シンプルではありますが奥が深く、また実践するのが困難なものでもありました。

イメージやフォーカスや感情、没頭することや信じること、現実を直視せず内なるエネルギーと繋がること。こうしたことはすでに見聞きし、トライしてきたことかもしれません。新しい視点で奥の深さや、陥りがちな落とし穴も理解できたことでしょう。こうしたことを皆さんなりに試行錯誤しながら実践していってください。すぐにはうまくいかないと思いますが、そのもがきが自己の成長になります。

第３章
「創造の心 ー創造ー」

「創造の心」の方法は、物心ついたときから連れ添っているあなたのエゴと共同でできる願望実現法だといえます。大いなる源は優しくバックアップし、あなたが望む幸せを手に入れるのを見守っていますが、前面に立っているのはエゴのほうです。

エゴはとてもエネルギッシュであり、欲のエネルギーをどんどんと物質的に消化しようとします。ですから、願望実現においてもパワフルなのですが、一方では手を引っぱり足を引っぱり、転ばせ、悩ませ、あれやこれやと邪魔をする存在でもあります。だから、エゴを教育し、手なずけることで、創造を加速させます。

しかし、エゴを無力化させ、大いなる源と共同で創造する方法もあります。それは、まさしく真の自己を目覚めさせ、前面に立って引っ張ってもらう方法です。その究極の方法について、次章からお伝えしていきますが、究極の創造ではあらゆることがとても自然に、しかも静かに起こります。苦労することなく、起こるべきことが起こり、不安も悩みもない状態になります。その方法を知りたいでしょうか？

とても素晴らしいことが隠されていると思うかもしれませんが、この先の旅は、誰もが行けるものではありません。ここで脱落する人もいらっしゃるかもしれません。

ここから先の旅では、エゴと別れ話をすることになります。普通、人はエゴと同化しているので、強い抵抗感を感じることでしょう。けれど、心配はありません。それでもいいのです。「創造の心」までで充分、人生を変えることは可能です。

でももし、どうにもならない限界を感じているならば、もし目覚めた生き方へと悟りの道を歩んでいきたいのであれば、この先の旅についてきてください。「その先」へご案内します。

まずは行ってみよう、ということでももちろん大丈夫です。「その先」を知った上で、「自分にはまだ早い」「さっぱり意味がわからない」と思うなら、これまでの旅の最も心が震える箇所を中心に実践していけばそれでいいのです。

さて、次の旅に出る前に、「創造の心」のお土産を差し上げましょう。全体像ばかりで話をしてきましたが、具体的な引き寄せ方の助言もほしいのではないでしょうか？　全体像の復習も兼ねつつ、テーマに沿って具体的に話していきましょう。

POINT

「創造の心」は、エゴと共同で、うまく付き合いながら意図的に願望を実現させていく方法です。

「究極の創造」は、エゴと別れを告げ、大いなる源と共同関係になります。

そこには、もう不安や恐れや悩みはありません。

コラム 1

# 「豊かさの引き寄せ」

経済的な富や物質的な豊かさに関しては、莫大な願望の波動を出し続けてきたことでしょう。それがいっこうに届かないのは、受け取る状態になっていないからです。上に向かってボールを投げたら、受け取るためにはボールが落ちてくる場所に動いてミットを構えなければいけません。ボールの投げっぱなしになっていたり、落ちてくる場所に動いていないのかもしれません。あるいは、落ちてくるボールを恐れて、目をそらしているのかもしれません。

豊かさが自然に流れ込んでくる状態を期待しているかもしれませんが、ボールを投げた位置と落ちてくる位置が最初は特に離れているものです。貧乏から金持ちへ。現状維持から変革へ。かなり波動の差があるので、あなたから落ちてくる方向へ動いていったほうがいいです。確かにむやみに動くのは恐いと思うかもしれませんが、心の声援に従って動いてください。

豊かさの立ち位置にさえ来てしまえば、あとは昔、投げたボールも次々落ちてきます。恐怖心から逃げないでください。多くの人は、お金を恐れています。お金が入ってくることによって変化するのが恐いのです。

お金はあなたが与えた価値を物質的に目に見える形で現したものですから、お金は悪いものではありません。与えることは受け取ることです。進んで価値を与えるようにしてください。自分の能力を開花させ、人々との関係性のなかで有益に活用してください。

くれぐれも、奪ってまで得ようとはしないでください。その引き寄せも可能ですが、他人から奪ったぶん、なにかを失うでしょう。与えることで、増やし、拡張していくことができます。

いま現在、困窮を極めていても、そこにフォーカスを当て続けないでください。贈り物が届けられることを信じてください。できれば、困窮を行動で現すことは慎んでください。それはケチるとか、すがるとか、愚痴を言うという行為です。これらは困窮の波動を強めます。なにもかもが欠乏していても、あなたという存在は豊かであり、完璧であることを忘れないでください。

コラム 2

# 「恋愛の引き寄せ」

恋愛をどう捉えるかにもよって引き寄せ方は変わります。まず、恋と愛の違いを明確にしておきましょう。この2つはまったく違います。恋は、自分を満たそうとするものであり、愛は相手を満たそうとするものです。

恋は、自分のなかに不足感や欠乏感があります。ですから、相手を得ることでそれを拭いさったり、自分にないものを補ったり、これまで一人ではできなかった体験を得ようとします。

一方、愛は自分のなかにあるものを相手に与えることで、相手を満たし、幸せにします。恋はエゴから来ており、愛は真の自己から来ています。この両方がごっちゃになっているので、問題が起こります。お互いに恋をしている同士であれば、自分を満たしたいが故に相手を利用するばかりです。愛が育っていないと、不満や怒りが生まれがちです。

ですから、恋する相手を引き寄せたいのか、愛する相手を引き寄せたいのかによって大きく異なるわけです。ぼくは恋の助言を送るときであっても、愛の視点をもつように促しています。というのも、愛なくしては、問題ばかりが起きるからです。孤独や、すれ違い、喧嘩などたくさんの問題が起こります。それはそれで、学びと成長になっていて価値があるのですが、「傷ついてよかったですね」とは言えません。

愛の視点とは、相手の気持ちを尊重するということであり、相手の自由を認めるということです。与えるとはいいましたが、尽くすことをいっているのではありません。平等な関係性のなかでこそ、愛は育ちます。

恋愛の相談を受けていると、結局狭い視点になっていることが多く、「相手の気持ちが理解できない」という悩みばかりです。相手の気持ちを掌握したいのは、自分の不安や欠乏を埋めたいからです。不安にならないためには、相手に期待通りの行動を取ってほしいと思いますが、仮にそうやって不安が収まっても、今度は新鮮な刺激が得られないことに不安を感じ始めます。そして、期待外の行動を取ってほしいと思い始めるのです。ですから不安定で、ころころ変わるのが恋です。

愛は、安定的です。恋の失敗を通して、愛を学んでいきますが、失敗を早くなくしていきたいのであれば、率先して愛を学んでください。自分の視点だけにとどまらず、相手の視点に立って、コミュニケーションを多くとってください。「理解してくれるはず」「当然～してくれるはず」と、相手に期待をかけ過ぎないようにしましょう。

ちなみに、イメージやフォーカスなどの願望実現テクニックは、過度の不安や焦り、孤独感の波動を鎮めるうえで有効ですが、それで素敵な相手と出会うことや、相手が振り向いてくれたり、望み通りの行動を取ってくれることは期待しないほうがいいでしょう。それは、誰も人の自由意志を操作することはできないからです。

ただ、ネガティブよりポジティブなほうがいいのは当たり前ですので、自分の感情コントロールのためにワークを行うのは賛成です。

コラム 3

## 「人間関係の引き寄せ」

人脈を広げたり、友だちを作ったり、仕事上の人間関係を良好にしたり、人間関係全般の引き寄せを心がけたいのであれば、大事なのはエゴをさらさないことではないでしょうか。人はみんな色々な価値観をもっていますから、エゴが色濃く出ていても、「類は友を呼ぶ」で共通の仲間と出会うことができます。しかし、自分勝手さが過ぎると、共通の仲間からも嫌われることになります。自分の利益ばかり考えないということや、優越感に浸ろうとしないことが大切です。

人間関係においては、親子や恋人、友人、上司部下など、さまざまな関係性が存在しますが、それらの関係性を保持しながらもどこか平等な目で相手を見るようにしてください。わたしたちは、レッテル貼りを習慣的にしていますし、意識していなくても他人を利用するものです。魂のレベルでも細胞のレベルでも、わたしたちはほとんど同じですし、ともに地上で創造活動をしている仲間です。お互いに受け入れ合いましょう。

人を批判したり、嫌うのは、価値観がみんな違うだけにもっともといえばもっともですが、忘れないでほしいのは人間関係ほど自分自身を映しているものはないということです。相手の許せない部分、嫌いな部分は、あなた自身のなにかを投影しているのです。

偉そうな人が嫌いなのは、自分の劣等感の現れかもしれません。ブリッコが嫌いなのは自分が男性になかなか気に入られないからかもしれません。自分を見つめ直すためにある鏡だと思ってください。

わたしたちは他人を利用します。優越感のためには、劣っている人が必要です。成功者となるためには、落伍者が必要です。他人を「バカ」だというとき、自分は優れていて賢いと正当化しているのです。人類の仲間をそのように見てしまうのは、わたしたちがみんなバラバラの別ものの存在だと認識しているからです。

無数のレッテルを使って、どうにか自分が優れている点を探したいと思っているものです。それは、勉強やスポーツ、ビジネスだけでなく、「この人は有名になると思っていた。わたしの考えは正しかった」という些細な類いも含まれます。つまり、日常的なレベルでも自分は正しいと思える機会を探しているのです。

人間関係の処世術は、人が違うことを念頭において、いかに競争に勝つか、味方にするか、騙されないようにするか、本音を隠して振る舞うかにエネルギーが注がれているように思えますが、スピリチュアルの観点からいえばその真逆であり、いかに同じ仲間であり家族であると思えるかが大切なのです。

コラム 4

## 「健康の引き寄せ」

身体の細胞には、完璧に健康な姿がデータとして刻まれていて、それらのデータが全身で共有されています。なにか異常があれば、すぐにデータ通りに回復させる機能があるのです。つまり、人間の回復能力はとてつもなく素晴らしいのです。

その回復能力に、実はその人の信念が関与しています。治りが早いか遅いか、病気になりやすいかなりにくいか、太りやすいか痩せやすいかなど、わたしたちが自分のことをどう思っているかが影響しています。

ですから、あまり不安の種となる情報を仕入れないでください。洗脳によって、病気になるからです。医学番組は、病気の予防になっているように見えて、不安をあおることで病気を増やしています。癌の話や、死亡率や寿命の話、その他さまざまなデータについては無視して結構です。

高齢になってくると、健康不安の話ばかりをしますが、そうやって口に出すことで、さらに病気や痛みや不調を引き寄せるのです。身体は、忠実にあなたの信念を再現しますから、なにを信じているかがとても大きいのです。

また、全ての病気は不可抗力ではなく、なんらかの引き寄せの結果によって生じているのですが、そのことに対しては罪の意識を感じず、自己を見つめ直すきっかけとして利用してください。風邪や頭痛など、なにか異常が出てきたら、心のバランスが崩れていることに注意を払い、生活上のストレスを軽減させたり、無理している自分を休ませたりしてください。赤ちゃんや子どもの頃は、特に周りの人の心のアンバランスによって影響を受けてしまう場合があります。あなたが親であれば、あまり気に病まないようにしてください。ネガティブな波動が伝播してしまいます。

重い病気や障がいで苦しんでいる人にとっては、自ら乗り越えるべき壁を設定していることもあります。反感を買うでしょうが、それも自分で招き寄せたのです。自分の手に負えない力によってそうなっていると信じていると、無力感を増長させ、苦しむ自分を正当化させてしまいがちです。健康に限らず、苦境にあえぐ人で、その理由を不運や社会や他者のせいにしている場合、非常に強固かつ巧妙に自分のパワーを無力化させてしまっています。

自己のパワーを、そして身体の驚異的な回復力をもっと信じてあげてください。瞑想をしていても、いい気分でいても突然、病気や怪我に見舞われるかもしれませんが、それは制限と無力感で現実に縛り付けるための罠のようなものです。「わたしは健康だ」と宣言してください。「すぐに回復する」と回復力を見せつけてあげましょう。

太古の昔では、おまじないによって信じる力を強化していましたが、今の時代であればスピリチュアルの智慧で信じる力を強化することができます。あなたの身体は、想像以上に素晴らしい機能を持っており、健康のための指令を送ることが可能です。

## コラム5 「自由の引き寄せ」

誰もが過去のしがらみから脱して、自由に今という時間を謳歌してほしいものです。人類にとって、自由の獲得は永遠のテーマでしたが、今や自由の獲得は当然の権利といえるものになりました。それでもあなたの生活のなかでは自由が全然ないかもしれません。自由がないのは、それだけ制限に同意し、他者や体制など周囲の環境に合わせることに同意をしているためです。そうやって自分で選択しているのですから、自由を得るには自由を選択しなければいけません。

なんの心配をしているのですか？ 自分が自由になることで誰かに迷惑がかかることを心配しているのでしょうか。それは表面上でのことです。自由は神のエッセンスですから、自由であるほうが人に恩恵を与えられるのではないでしょうか？ あなたが影響を受けた人を思い出してください。彼らは自由さをもっていませんでしたか？

あなたは目の前のパズルを動かしていますが、大いなる源はパズルの全てを俯瞰しながらコントロールしています。細かいことを心配しなくてもうまくいくのです。

他者を束縛しながら自分だけ自由になるのは当然ナンセンスです。自由を選択するなら、他者の自由もまた尊重しなければなりません。「そうはいっても簡単に自由にはなれません。わたしの置かれている状況を知れば自由になれないことがわかるはずです」というかもしれませんね。その置かれている状況のなかで自由を見つけられないのであれば、簡単です、その状況を捨てればいいだけです。だから選択なのです。

なにを我慢するのでしょうか？　自由創造の場に生まれ育ちながら、自由がない状況に置かれているほうが異常なのではないですか？　いつでも、その異常さを捨てることができることに気づいてください。

「しかし、それではとんでもないことになりますよ」というかもしれません。結婚している人であれば激しい夫婦喧嘩になったり、企業勤めであればクビになったりするかもしれません。それでいいので、とんでもないことにしてみたらいいと思いますよ。そこから本当の関係性、本当の自分らしい生き方が始まっていきます。

恐れによって自分をがんじがらめにしたわけですから、勇気をもって恐れを振り払わなければいけません。あとは、あなたを応援している存在がうまく整えてくれます。

# 第4章「打ち消しの心―打消―」

## 引き寄せの法則には「その先」がある

ぼくは、自分も含めて、なぜ人は引き寄せの法則を意識的に使いながら結果が伴わないのだろうと長年、思案してきました。人生を変えるために、根こそぎ真摯に学び、さまざまな実験も繰り返し、ずっとベストを尽くしてきました。そして、究極の創造、真の喜びや幸せを追い求めてきました。

引き寄せの法則を世界的に広め、日本でもブームにさせた立役者が『エイブラハムの教え』です。ぼく自身も、過去のワークショップスクリプトやYouTubeで公開されている最近のワークショップの音声記録なども含め、徹底的に学びました。

エイブラハムは、実は全てを教えてはくれません。引き寄せの法則の基本をただただ繰り返すばかりです。例えるなら、小学校の先生は小学校の範囲のことしか教えないのと同じです。

わたしたちはスピリチュアルなことに目を向け始めたばかりの段階ですから、実際小学校レベルといって過言ではないでしょう。ですから、地球のほとんどの人にとってピッタリ合っているレベルでしか、エイブラハムは話しません。

エイブラハムの気持ちを代弁するならば、「まず人間のもつ創造のパワーに目覚めてほしい」「真の自己の存在に意識を向けはじめてほしい」ということです。これらがなによりも重要ですが、一般的にはエゴイスティックな欲を満たすツールとして使われていたり、自分自身から目をそらし、逃避的に夢見心地になるツールとして使われている現状が日本ではあります。

多くの人がまだこういった段階にいるため、引き寄せの法則の「その先」へ進むにあたり、ここで脱落する人がたくさんいることはぼくも重々、理解しています。しかし、一方でその準備ができている人もたくさんいることでしょう。

「その先」へ進んだ方が、実は創造のパワーを完全に発揮できるようになるのですが、エゴと同化している人々にとって、極めて抵抗感を強くさせる道になります。エイブラハムの教え、それから「受け入れの心」「創造の心」までで話してきたことは、エゴと同化していても喜びや幸せを実現できるものでした。これからは、エゴとの同化を壊していき、真の自己と同化していく道を選びます。それが「打ち消しの心」です。

若いときはたくさん食べ、たくさんのモノを手に入れます。けれど年を取って成熟すると、だんだんそういうものがいらなくなります。「創造の心」は若いときにピッタリと合っていて、「打ち消しの心」は年をとってきたときにピッタリ合っているのです。もちろん、ここでいう年とは、実年齢ではなく、スピリチュアル的な成熟度になります。ですから、どちらが正しいとかではなく、成熟の段階によってピッタリ合うものが変わるということです。

「打ち消しの心」は、いってみれば悟りの道ともいえます。自己のもつ創造のパワーに気づき、前向きに人生をデザインする意欲が出てきたら、もっと神に近づきたい、もっと幻想を取り払って真実の生き方がしたいという情熱が増していきます。そのときに、エゴとしてもっているものを手放す必要性が出てくるのです。物質的な執着から離れ、真の自由、真の喜び、真の幸せを求めるようになります。

これまで、さまざまなことを試しながら、人生が変わらなかった人、うまくいかなかった人も、ここが最後に用意されている解決の宝箱になります。ここで終わりにできます。引き寄せられなかった人も、引き寄せを邪魔するものを取り除くプロセスになるので、もう引き寄せられないということがなくなります。

ただし、おびえさせるわけではないですが、簡単に実行できるものではありません。理解はしても、一歩として踏み出せないことも考えられます。ぼく自身も、随分長いこと躊躇してきました。しかし、みなさんは知る準備はできているはずです。

さぁ、話はこれくらいにして、旅を再開させましょう。ここからが引き寄せの法則の「その先」。新しい道は先へ先へと延びています。新しい道が続いていることを喜びましょう。なぜなら、そこにはずっと待ちわびていた「答え」があるのですから。

POINT

自らが人生を創造しているというパワーに目覚め、真の自己との関係を意識しはじめることがまず初期の段階で重要になります。

「その先」に進むことで、創造のパワーは完全に発揮されますが、それにはエゴとの同化を解消させなければなりません。

# あなたと真のあなたは違っていた

スピリチュアルや引き寄せの法則に関する本では、再三再四、神について語られています。それは、ソースと呼ばれたり、光と呼ばれたり、全てであるものと呼ばれたり、父と呼ばれたりしています。そして、それは真のあなただといわれます。

いつまでもなかなか理解してもらえないのは、こうした存在を自分と離れた、敬うべき、位の高い、頭を垂れる対象として見てしまうために、完全に隔絶された存在として認識してしまうことです。真の自分に対して、どうして頭を垂れ、「お願いします、お願いします」とすがるのでしょうか？　その認識を変えるために、第二章では大きな〇と小さな〇という比喩で説明しました。

わたしたちは究極的には、みんな一体です。そこに分離はありません。無限の視点による個々の自由創造と体験、そして永遠の拡大成長。このために、わたしたちは個別化されていますが、いつどんなときも大いなる源から離れたことはありません。

なぜこんな話をもう一度するのでしょうか？　知らなくても、いくらでも自由に創造活動ができますが、知っていればもっともっと関係性をつくることができ、そのパワーを活かすことができるようになります。

そのためには、「分離」ではなく「一体」への意識をもたなくてはなりません。そして、分離意識をもっているのがエゴと呼ばれる自分のなかの一部です。魂は当然一体であることを知っていますが、地上に誕生してから形成されたエゴはそれを知らないのです。厳密にいえば知っていますが、一体であることから逃げ続けています。

エゴは、さまざまなものを区別します。区別して、自分であるというアイデンティティを確立しようとします。区別するなかで、自分は神とは明確に違うと信じ込みます。ですが、小さな〇は大きな〇と同じ性質をもった一部であることに変わりはないのです。そのことを知っても、神は大きい、自分は小さい、神は高い、自分は低い、とやはり区別して分離意識を強めてしまいます。ぼくが、「神様」と「様」をつけないのは、それだけで分離を成立させてしまうからです。

こうした理由で、いつまで経っても、真の自己が、自分自身だとは到底思えないのです。今、肉体に宿って意識をもっているあなたは、真のあなたではありません。では、本当のアイデンティティを回復したいとは思いませんか？

普通、すんなりとは「はい」という気持ちになりません。今、脳を使って思考している自分こそ自分だと思っているので、取って代わられるのはまっぴらだと思います。ですから、この「打ち消しの心」は極めて難しいのです。

取って代わられることは絶対になく、新しい自分に生まれ変わり、神と一体感を感じながら生きていけるようになるのでとても素晴らしいことですが、そこには強力な恐れが存在します。この恐れこそ、「原罪」と呼ばれる、人がもつ生得の罪悪感です。

歩を進めるために、エゴのことをしっかりと理解していきましょう。その前に、自分が本当の自分でないとするならば、本当の自分とは、「私」とはなんなのか、思いを巡らしてみてください。

POINT

神に頭を垂れるなら、神が真の自分だということを忘れ、分離を強化することになります。

真のアイデンティティを回復させることはエゴにとって脅威ですが、単に新しい自分に生まれ変わることです。

# エゴという影法師

大いなる源という光源の前にあなたの窓があり、そこから光がここまで差していま す。その光が、わたしたち人間としての自分を形作っており、自由意志と人格をもって生命活動を行っています。わたしたちはずっと投影されている姿なのですが、光で照射されていることを忘れて、形作っている影の部分ばかりにフォーカスを当て、それを唯一の自分自身だと信じています。

真の自己とエゴは光と影のような関係に見えます。そして大事なことに、わたしたちは影ではなく光なのです。だから神の子といわれるのです。

それでは、影を消したらどうなるでしょうか? これが、最も恐ろしい質問です。この質問は、「あなたという存在が消えたらどうなるでしょうか?」という意味に聞こえ、震え上がります。だからこそ、エゴは全力で抵抗しますし、光を徹底的に否定し、拒否します。

それでも、自己の心の奥まで問いかけてみてください。影を消したらどうなるでしょうか？

答えは、光が残るだけです。わたしたちの真の姿は光なので、本来あるべき姿に戻るだけであり、それは大変祝福すべきことなのですが、同時に大変恐ろしいことのように感じます。影は一体どうなったのでしょうか？

安心してください。影は記憶されています。あなたの人格は残ります。ただ、影が消えることによって、悩みや不安、恐怖や強欲、嫉妬や絶望、自慢や軽蔑といったものがなくなります。それらは、あなた自身を描写する要素に含まれていたでしょうから、だいぶ人間が変わったように見えるでしょう。それでもよいでしょうか？

この人間くさい要素を携えておきたいと思うかもしれません。「これらがあるから人間なんだ。神とか愛なんてどうでもいい」という人は、まだ準備ができていない状態です。とはいえ、真剣にここまで読んでいただいた方はそんな風には思わないでしょう。

# 第４章
# 「打ち消しの心 ー打消ー」

エゴとは、わたしたちが地球で暮らしてきた人生のなかで培ったデータの集合体です。人間は、生存していくことがまず大切だったので、データのなかには人との比較や社会の仕組み、どうすれば安全に生きていけるかなどがしっかりと経験と学習から蓄えられています。また、唯一無二の創造体験をするという目的で肉体に宿っているので、自分を特別視する性質が組み込まれており、他人を敵視したり無視したり、恐怖視したりします。

危険に対して敏感なので、過去辛かったことや痛い目にあったことはデータにしっかりと刻まれており、そうしたことは何年何十年経っても思い出せるようになっています。

エゴというのは、わたしたちのネガティブな部分を代表しているところがあります。ポジティブに見えても、特別な自分という視点からであり、他人より上に立っているという優越感から施しをしたり助言したりするのもエゴの特徴です。スピリチュアルの世界でも権威をかざすグルがいますが、彼らは単にエゴを神聖化しようとしているだけです。霊能力や超能力があるように見せたいのは、特別視する性質から来ています。

エゴは、データを使って思考している部分です。ですから、脳内のおしゃべりはエゴの声に埋め尽くされています。正常な理性も活動していますが、過去のデータを使って考える習慣がついているので、エゴがいつも連れ添っています。

脳内のおしゃべりは無駄口が多く、意味のないことや余計なことまで心配します。常に目の前の現実を見て反応し、過去のデータと照らし合わせて、明晰な頭脳を発揮していると思っていますが、しょっちゅう支離滅裂で、ころころと考えを変えます。時には自分の感情に揺さぶられ、自分のことですらわからなくなります。

親や先生から言われたことなどをよく覚えていて、それらを参照しますし、自分の体験から得たことに関しては強い自信をもっており、そうそう態度を変えません。

基本的に過去をベースにしていて、安全志向から恐れを何に対しても抱くので、なかなか未来に対して思い切った行動ができませんし、現在に対しては過去のデータから反応するばかりで、あるがままの姿はさっぱり見えていません。

# 第４章
# 「打ち消しの心 ー打消ー」

わたしたちというのは、こんなものです。長年一心同体で連れ添ってきた相棒ですが、ガッカリしたかもしれません。けれど、喜んでください。そんなガッカリする部分は本当の自分ではないと言っているのです。本気で意図すれば、それらのガッカリする部分だけを無力化させることができるのです。

ですから、エゴの戦力外通告と解除は救いになるのです。キリストが言っていた救いとはこのことだったのです。釈迦が悟りと言っていたのはこのことだったのです。解脱とか涅槃とか梵我一如《ぼんがいちにょ》とか神の王国とかいわれてきたことは、結局エゴと同一化していた自分を「ああ、違う」と目覚め、エゴに戦力外通告を突きつけることなのです。

エゴを無力化できれば、エゴという影を消すことができれば、光はわたしたちを包みます。「打ち消しの心」はそのための心得です。

POINT

エゴは、人生で貯えた過去のデータであり、過去のデータを基盤にして思考を動かします。

エゴは影であり、真の自己は光です。影を消しても、あなたという存在が消えるわけではなく、新しい自分に生まれ変わるだけです。

# 純粋な存在としての「私」と過去のデータでできた「エゴ」

過去のデータがエゴであれば、それを検索している主体がいます。エゴと同一化しているというなら、エゴと同化しているもう一方の存在とはなんでしょうか？ そこには、純粋な存在としての「私」がいます。

この「私」という存在そのものを発見するのは、ちょっと難儀です。定義しようとすると、結局エゴの尺度を借りることになってしまいます。単純に、実用的に解釈するならば、「私」とは小さな〇であり、大いなる源の個別化された一個の窓であり、神のエッセンスを保持する存在です。反対に「エゴ」は過去のデータであり、神のエッセンスとは異なるものを雑然と含んでいます。

「私」と現在、認識している名前や年齢や性格や姿形や全てのデータを取り除いたとしたら、なにもなくなるでしょうか？ いえ、きっとそこには最も純粋な存在が残るでしょう。それは究極的な「私」です。でも、そこまで光の源まで戻らなくて結構です。自分だと認識している人間としての「私」で完全に素晴らしいのです。ただ、「私」に似つかわしくない邪魔なものは取り払うにこしたことはありません。

わたしたちは過去のデータでできています。生まれたときには、ほとんど違いもなかったわたしたちですが、こんなにも違う価値観をもつようになりました。とはいえ、同じ時代、同じ社会を共有しながら生きてきたので、共通の価値観もたくさんもっています。それは社会意識という社会的な価値観や常識観です。わたしたちはそこからたくさん学びを得たので、社会意識にどっぷり浸かっています。そして、社会意識は神のエッセンスとはほど遠いものばかりです。競争、差別、不平等、敵意……人間が生み出したものはたくさんあります。

エゴを無力化させることは、こうした過去のデータへの依存から脱却することを意味します。過去のデータは自分を守るために構築したので、これらを手放すことは恐ろしいかもしれません。けれど、未来を創っているのはあなたの引き寄せだということとを思い出してください。

狂気に満ちた過去のデータから未来の引き寄せを行っていくのと、過去のデータを捨てて神のエッセンスから未来の引き寄せを行っていくのとではどちらが安全だと思いますか？　いうまでもないですね。ここでも、やはりエゴがあなたの幸せを邪魔していることを実感するでしょう。わかりきっていても選ぶことに躊躇します。

人生経験からデータを蓄え、社会から学び、世界と現実を賢く理解し、競争や不平等の人生をたくましく歩んでいくのが、わたしたちのモデルでした。それが、優秀で賢明な生き方であり、尊敬に値する人物のモデルだったのですが、ここで言っているのは、データを放棄し、社会から学ばず、世界と現実ばかりを直視するのをやめ、競争や不平等などそもそもないかのように人生を歩んでいくことですから、まったく正反対の価値観だといえるでしょう。

ですから、選択しなければいけません。前者の生き方のモデルは本当に幸せをもたらしてくれるのでしょうか？　生まれてからそれらを実践してきて、うまく機能していたでしょうか？

釈迦が「捨てなさい」と説いた理由は、前者の生き方だと「苦」がつきまとうからです。真の幸せをつかむためには、機能していない価値観を捨てる覚悟が最大の鍵となります。

POINT

わたしたちは過去のデータでつくられていて、純粋な存在である「私」がすっかりわからなくなっています。過去のデータへの依存から脱却しましょう。価値観を逆転させ、神のエッセンスから未来を創造していきましょう。

# 逆引き寄せを起こす思考と信念の関係性とは

ここで核心について整理しましょう。あなたが知りたかった答えです。

なぜ問題がなくならないのか？ なぜ引き寄せられなかったのか？ なぜ幸せになれなかったのか？ それは、あなたの純粋な願いに対して、エゴが邪魔をしているからです。第1章で引き寄せがうまくいかない主な8つの理由を紹介しました（29ページ参照）。その全てで関わっているのが、エゴなのです。ここでエゴの関与について詳しく取り上げることにしましょう。

エゴは過去のデータだといいました。そのデータのなかで強く信じ込んでいるものがたくさんあります。それが信念と呼ばれるものです。定着化・結論化された思考の習慣ともいえます。

現在の思考は、移り変わりやすい性質をもっており、ポジティブなことにフォーカスを当てたりネガティブなことにフォーカスを当てたり、意識的に変えることができます。とはいえ、おおむね過去のデータに囚われており、がらっと新しい思考を採用するのは普通、困難です。過去のデータに囚われて、現在の思考が生まれているならば、過去を再生し続けていることと同じです。同じような人生が繰り返される理由はここにあります。

思考と信念について完全に理解しておかないと、逆引き寄せに気づくことができません。思考と信念は密接に結びついています。この結びつきが実は厄介なのです。

信じていることを思考するのはとても簡単です。20歳の人が自分のことを若いと思うことは簡単ですが、50歳の人にとっては困難でしょう。上場企業の役員の人が自分のことを裕福だと思うのは簡単ですが、アルバイトでその日暮らしの人にとっては困難でしょう。

思考は、「今」考えていることであり、「今」発している波動ですが、結局は過去積み重ねてきたデータに左右されてしまいます。「若い」「裕福」という思考はできますが、信じてはいないのです。

引き寄せの波動は、どれだけ信じているか、どれだけ長くフォーカスを当てるか、どれだけ感情を喚起させるかによって実現力が異なります。信じていないのであれば、威力はありません。ですから、「私は若い」「私は裕福だ」といったところで実現力はないのです。

それだけであれば、「効果はなかったな」で終わりですが、実際には逆引き寄せを引き起こします。つまり、余計老けてしまったり、余計貧乏になったりします。望まない、正反対の結果を引き寄せてしまうのです。それはなぜでしょうか?

これが思考と信念の関係性です。思考を働かせたときに、信念も作動させてしまっているのです。わたしたちは、常に過去のデータを検索するようにできており、表面的な思考に対して、過去のデータから検証する癖がついています。ですので、「私は若い」と言ったとき、「そうはいっても、50歳だし、体力の衰えも感じているし、シワもある。子どもと比べても明らかに違う」というように検証してしまい、こちらも引き寄せの波動を発してしまいます。

思考と信念が同時に別の波動を発しているとして、信じているのはどちらでしょうか？　そうです、信念です。ですから、思考とは裏腹に信念レベルの引き寄せが勝利し、逆引き寄せ現象が起こります。こうなってしまうと、願望実現法にトライするだけ逆効果というもの。余計に貧乏にさせ、病気にさせ、トラブルだらけにさせます。

引き寄せの法則を知って、「金持ちになりたい」「健康になりたい」「恋人を手に入れたい」「事業で成功したい」と、積極的にアファメーション（明言して願望を実現させること）を行いますが、一切実現しないだけでなく、逆効果になっています。これが多くの人が陥っている現象です。

「金持ちになりたい」と言っているとき、本当に発しているのは「金持ちではない」という波動です。「健康になりたい」であれば「健康でない」、「恋人がほしい」であれば「恋人がいない」です。これは「欠落の思考」と呼ばれ、「〜ない」という波動を活性化させてしまう典型的な引き寄せの失敗パターンです。

それではどうすればいいのでしょうか？　打ち消しの心であれば欠落の思考に対処できます。

POINT

思考と信念は密接に結びついていて、思考が動くとき信念も動きます。思考を使って願望実現を図るとき、信じている欠落の思考のほうが優勢となり、逆引き寄せが起こります。

# 光を消すことで影を消す

信念は厄介です。思考が光であるならば、信念は影ということができるでしょう。二つは表裏一体なのです。「創造の心」では、光を使って願望を実現させる方法をお伝えしましたが、ほとんどの人にとって、影を消していかなければ、根本的な解決へと至らないでしょう。光が大きくなるほどに影が大きくなってしまうのです。

影を消す方法は２つあります。

## 1．影に光を当てて影を消す

１つは影に光を当てるということ。信念を見つめて抱き取ってください、という話を前にしました。これはとても大事なことです。自分自身の奥底を見つめてみてください。

・なぜ、その欠落や不足を信じているのか？
・どんな過去の経験を引きずっているのだろうか？
・なぜ自信がないのか？　なぜ自信をもてるようにならないのか？
・どれだけそれが自分にとって重要なのか？　手放すことはできないのか？
という風に、深く自分と対話してみてください。それらは、本当はあなたに知ってほしかったのです。ずっと光を当てられたいと思いながら、闇に沈んでいたのです。見つめて、対話することで、その影は消えていきます。手放してください。自分でもわかるはずです。それらはもう過ぎ去ったことだと。

そして、新しい別の未来を選択したいという意志を示してください。同情するだけではだめです。もう同居できないことを告げましょう。抱えている信念と決別しなければ、本当の幸せを手にすることはできないのです。

## ２．光を消して影を消す

２つ目の方法は、光を消すことです。光を消せば、影もまた消えるのは自明の理です。

光を消すとは、願望を消すということです。願望が消えれば、欠落の思考を作動させることもなく、信念を刺激することもありません。だから、願望ごと手放してしまいます。

さて、とんでもなく険しい道にさしかかりました。「願望を手放す?」と疑問に思ったことでしょう。そうです。なにも望まないでください。これまで抱いてきた、夢や目標を捨ててしまってください。

これを聞いてどんな気持ちになりますか? もし、そんなことをしたら、もう自分が自分でないと思うかもしれませんね。けれど、願望はあなたのエゴが生み出してきたものなのですから、エゴを無力化させるということは、願望を諦めるということになりませんか?

もちろん、詳しくこのことについて話していきます。願望を消すと聞くと、なんのためにここまでやってきたのか、本末転倒だと思うでしょう。「手放す」ことの大切さは耳にしたかもしれませんが、願望を手放すなんてできないと思うかもしれません。

ですが、実際には願望を消すことで願望を実現させるのです。自動願望実現システムがあることを思い出してください。願望が発せられたときに、自動願望実現システムは作動しています。けれど、願望を保持し、さらに執着までもっていると、いつまでも欠落の思考が働いて現実に引き寄せることができません。ですから、願望を消すことで欠落の思考を停止させ、願望実現を流れ込ませるのです。もう一度、言います。願望を消せば願望が実現します。

このことによって、未来と過去が停止します。願望を消すということは、未来にも期待しないのですから現在を見ます。願望が消えるということは、対になっている過去のデータから来る欠落の思考が作動しないのですから、現在のみになります。

このように、「今」という時間にパワーが集まり、あるがままの生き方ができるようになります。これが引き寄せの法則の裏技であり、究極の奥義であり、悟りのマスターが行ったことです。

POINT

影を消す一つの方法は光を当てることです。自分の信念と向き合い、対話し、抱き取り、手放してあげてください。

影を消すもう一つの方法は光を消すことです。願望を手放し、自動願望実現システムに委ね、今という時間にパワーを注ぎます。

# 執着を手放し、流れに任せる

願望とはなんでしょう？　本来は新しい体験をしたいという創造への衝動から生まれるものです。それが、「人生が面白くないなぁ」という退屈感や、「苦しいから脱出したい」という閉塞感や抑圧感、「将来のために貯蓄や勉強をしておかなきゃ」という不安や恐れ、「あの人は幸せそうだなぁ、わたしもそうなりたい」という比較や嫉妬、など人生経験からさまざまな願望を生み出しており、その多くはネガティブな感情から願望が生まれています。セットになっているのです。

ポジティブな感情とセットになっている願望ももちろんあります。それは楽しいことだったり、愛を与えることだったりします。一度、願望のリストを書き出してみて、それがポジティブな感情から発生したのか、ネガティブな感情から発生したのか分析してみるといいでしょう。

ポジティブなセットになっている願望とネガティブなセットになっている願望があるということですが、ネガティブなセットになっているものは、逆引き寄せに陥りやすい願望です。ポジティブなセットであっても、「楽しくてもっとやりたいけれど時間がない」「人々を幸せにしたいけれどうまく広がらない」など、ネガティブ要因がしばしばくっつきます。

願望を生み出すこと自体はとても素晴らしいのですが、どうしても表裏一体となります。特にエゴは、ネガティブな理由ばかりを見つけて、それらにフォーカスを当てるので余計に願望実現を邪魔します。

人間が独力でしか願望実現ができないと信じるなら、とにかくどんな障害にも負けずに行動化して達成するしかありませんが、わたしたちにとって有利なのは、この世界に満ちている巨大なエネルギーが願望実現をアシストしてくれるということです。ですから、そんなに力まなくても流れに任せてしまえばいいのです。

これまで説明してきたように、わたしたち人間は創造する力をもっています。大いなる源は、願望を全て熟知していて、それらを体験してほしいと思っていますし、そこに至るプロセスをいくらでも用意してくれます。邪魔しているのは自分自身であり、もっといえばエゴが邪魔していることに早く目覚めて欲しいのです。

「ほしい」と思い続けなければ、そんなにも「ほしい」状態を引き寄せ続けません。手放せば、障害物は取り除かれ、楽にあなたの元へと届きます。ほしがるのをやめてみてはいかがでしょうか？　もっと自然体で生きていきたいと思いませんか？

全ての願望を放棄して、流れに任せるのは至難な技だと思いますので、執着になってしまっている長年の願望から徐々に解きほぐしていきましょう。「ほしい」から、「いや、任せよう」と変化させてください。ファイティングポーズや懇願ポーズをゆるめて、楽になってください。引き寄せの法則がもたらす宇宙の流れを信頼できるかが鍵です。

エゴは、「努力をしなければ達成できない」というかもしれませんが、がんばることがマイナスなのはすでにお話しました。エゴの言うことに耳を傾けないトレーニングが今必要です。エゴの言うことがおかしなことだと気づける理解が今、必要です。

POINT

願望はネガティブな感情とセットになることが多く、引き寄せの邪魔をします。

宇宙は願望実現をアシストしてくれているので、執着を手放し、流れに任せてしまいましょう。

# 意味のないものに意味づけし、信じるに値しないものを信じてきた

わたしたち人間は、ずっとレッテル貼りをしてきました。それらレッテルをよく理解し、適切に判断を下すことが優秀で賢明だと思われています。にも関わらず、真の自己の視点から見れば、それらのレッテルは微笑に値するほどの価値しかなく、カードゲームに熱中している子どもを見るようです。

周りを見渡してみてください。わたしたちが本当に、どれだけのものにレッテルを貼っているかがわかります。すれ違う人の容姿がどれだけいいか、見た目で年齢もある程度わかるでしょうし、もしかしたら性格や職業まで当てられるかもしれません。今日の気温や天気がどれだけ心地いいかもわかりますし、信号の意味も、コンビニの利用法も知っています。店に並んでいる商品の品質や値段、品揃えの豊富さ、陳列のセンスの良さもわかるでしょうし、店員の対応の良さもジャッジできるでしょう。

ありとあらゆることを瞬時に判断しています。過去のデータから瞬時に検索して、良い悪い、綺麗汚い、高い低い、新しい古い、好み好みじゃない、役に立つ役に立たないなどを判断でき、それも非常に細かいところまで分析できます。

わかるでしょうか？　わたしたちは、世界中のあらゆるものに対して意味づけしているのです。なにかを認識し、良い悪いなどの判断をしているのは、過去のデータによるものです。それらで世界を見ることが、本当に世界を正しく見ていることなのでしょうか？　疑ってみたことがあるでしょうか？　このように世界中のあらゆることに価値基準を設定して、瞬時に判断しながら、より良いものや、豊かなものなどを選択しようとしているのがわたしたちの世界で、善悪や高低など対極となる価値基準を置いていることから、「二元」といわれます。一方、これらの価値基準から完全に隔離しているとき、「非二元（ノンデュアリティ）」という世界が見えてきます。

神は世界を正しく見ていると思いますか？　神は人間たちのように世界を見ていません。それでは、神は正しく見ることができず、人間が正しく見ることができているのでしょうか？　わたしたちは神の視点、真の自己の判断の仕方を学ぶ必要がありま す。神の視点は非二元です。わたしたちが意味づけし、価値があると思っていること が、その視点から見ると全然意味がなく、価値がないのです。

わたしたちは、エゴに基づく「意味づけ」「価値判断」をしています。ですから、 エゴの視点を取り除いていけば、おのずと神の視点へと近づいていくものです。

とはいえ、これは本当に幸せな生き方なのでしょうか？　この疑問はじっくり考え てみてください。これまで「良い」「正しい」「すごい」「賢い」「成功」といっていた ものを、そのように感じなくなるのですから、人間的な喜びが減るのではと想像する のは当然のことです。

ぼくが思うのは、このような世界の二元性と絶え間ない価値判断に本当にうんざり したときに見いだす生き方が、非二元の生き方ではないかということです。ぼくは、 もううんざりだったのです。このように社会意識によって決められた価値で動き、う わべばかりで判断し、選り好みし、二元に基づく価値の高いものをコレクションしよ うとしているだけの生き方にです。得られれば、一定の期間幸せではありますが、すぐに過去のものになり、次を探さなければなりません。そして、ほとんどのことは得ることすらもできず、得るためには狂乱の社会のなかに入り、現実的な努力や調整がたくさん必要でした。この世界にうんざりしたとき、二元性のレンズを外したその奥に、あるがままの非二元の世界が広がっていることに気づきました。

わたしたちは意味のないものに意味づけし、信じるに値しないものを信じて、苦しみの人生を送り、わずかながらの勝利をつかもうとしているのです。

POINT

**わたしたちはあらゆることにレッテルを貼り、絶えず価値判断を行っていますが、世界のあるがままが見えていません。神の視点である非二元の世界は、意味づけや価値判断を全て取り除いた先に見えるもので、二元にうんざりすることが気づけるきっかけになります。**

# あらゆる価値判断を停止させたとき、あるがままの今が開ける

これまでにない生き方の指針ですので、混乱があるのも無理はありません。もう少し噛み砕いていきましょう。

人気のiPhoneを例に取ってみましょう。iPhoneのいいところとはなんでしょうか？　機器を収める入れ物としての美しさや堅牢さ、画面の見やすさや操作性の良さ、高性能のカメラ、アプリの豊富さなどたくさんあるでしょう。ジョブズが好きだからiPhoneを選ぶという人もたくさんいるでしょう。iPhoneを購入するという一つ取ってみても、数多くの価値判断によるものだということがわかります。

問題は、これらの価値判断の際に、人それぞれの「苦」を誘発するということです。なにかを「良い」というとき、必ず対極の「悪い」が存在します。いくらiPhoneにいいところがたくさんあっても、「ほしいけど高いから買えない」「持っている人が羨

ましい」「旧モデルの中古で我慢しよう」「今のスマホのカメラ機能は良くない」「古い機種を持っているのがダサい」など、人それぞれ悶々とした苦を生み出すのです。

スマホ自体は、便利なものです。情報を収集したりコミュニケーションを取るツールとして役立ちますが、競争と価値判断の世界なので、他の付加価値をたくさん生み出します。つまり、たくさんの良い機能や他製品との差別化を生み出します。価値基準が付加されれば苦の種も付加されます。手に入れれば、苦に負けずに勝利したことになります。

そうした無数の価値判断と、誘発する苦に負けない生き方が、本当に幸せなのでしょうか？　あまりにも当然に行ってきたので、気づいていないかもしれません。

そんなに新製品を手に入れることが重要でしょうか？　そんなにテストの点数を取るのが重要でしょうか？　そんなに美しく装うことが重要でしょうか？　そんなに人よりたくさん所有することが重要でしょうか？

「お金があれば苦しまない」という人もいますが、お金がある人ほど物質への執着が強く、細かいことまで価値判断し、価値の低いものを無視したり蔑《さげす》む傾向があります。

また、いくらお金があっても、健康や親友など、手に入らないものはたくさんあります。

あらゆることに対して、毎瞬行っている価値判断をやめたら、世界はどのように見えるのでしょうか？　それは静かな世界です。あるがままの世界が開けています。自然に目がとまり、自然はなにも価値判断をしていないことに気づくかもしれません。わたしたち人間の世界だけが慌ただしく動いていることに気がつくでしょう。そして、彼らの行く先を目で追っていると、彼らが短い生涯のなかで超高速で価値判断を繰り返し、苦しみながらも生き抜いて、全てを捨てて死んでいくのが見えます。

この人生はなんだったのでしょうか？　本当にわたしたちは存在していたのでしょうか？　わたしたちは世界をちゃんと見ていたのでしょうか？　投影された世界のなかで本当に慌ただしく動き回って、あっという間に肉体を消耗させて消えていく……。なんて虚しいことでしょう。死んで、神に会い、「わたしは人生でこんなにもたくさんのものを手に入れました」とがんばったことを示したとき、あなたがまるでカードゲームのコレクションを親に見せたときのような反応を神は示し、あたたかく「カードゲームもいいけど、今度は外に遊びに行ったらどう?」と声をかけるのです。そのとき、自分の視界の全てであったカード以外に、存在していたものがあったことに気づくのです。

POINT

**無数の価値判断とともに、苦を誘発していることに気づいてください。価値判断を停止したとき、あるがままの世界が開けます。わたしたちは、投影された世界を慌ただしく動いているに過ぎません。**

# 意味のない世界に見る純粋なる景色

物事に意味を与えるのは自分自身です。過去のデータに基づき、意味づけをして、自分にとって重要なことと重要でないこととを仕分けしています。では、果たして意味づけをしなかったならば、物事はどう見えるのでしょうか？

赤ちゃんのように純粋無垢に見えるでしょうね。そこには意味づけされていない、なにもレッテルを貼られていない世界が広がっています。「意味づけがされていない世界なんて意味がない」と思うかもしれません。まさしく、意味がありません。しかし、その意味がない世界は、美しく、そこでは神を知覚できるといわれています。意味を超えた、生命の美しい動きがそこにはあり、しばらく我を忘れます。

ちょっと途方もないことに思えてきたかもしれません。もう少し、実用的なレベルで話をしましょう。

例えば、人は友だちや恋人に対しても、レッテルを貼っています。「優しくて自分のことを理解してくれる人」と思っていても、相手の本質を完全に描写できているとはいえません。おそらく、優しさや理解力もあるのですが、人というのはもっと複雑で奥深いものです。しかし、人は自分の貼ったレッテルで相手を見てしまいがちです。そのレッテル通りの振る舞いを期待するだけでなく、レッテルに注目するあまり、他の要素が見えなくなります。こうして、相手にとっては期待を重く受け取ったり、理解してくれていないと不満が募ったりします。

こんなとき、相手のあるがままの姿を見ているといえるでしょうか？　自分の貼ったレッテルを期待し、自分の都合通りに振る舞ってほしいとプレッシャーを与えているのではないでしょうか？　それで本当に理解し合えるでしょうか？

また、違う例を挙げるなら、企業に勤めていて、毎日残業で疲れていて、生き甲斐を感じていない人がいるとしましょう。その人は、仕事や会社に対してどんなレッテルを貼っているでしょうか。無価値なもの、割に合わないもの、心をすり減らすもの、苦痛と忍耐を要求するものなど、色々と自分なりの意味づけをしているでしょう。しかし、真の自己の視点から見たら、この会社での経験が必ず活きること、この会社で出会った人脈がのちに助けてくれること、などさまざまなメリットが見えているものです。本人は、決めつけてしまってそうとしか見えないのですが、実は素晴らしいことが隠れているのです。

このように、レッテルを貼り、意味づけしてしまうことによって、限られた側面しか見えておらず、そこにフォーカスを当ててさらにネガティブな引き寄せを加速させているという問題が理解できると思います。

なにもしなければ、世界が素晴らしい恩恵を与えてくれていることに気づくでしょう。これを「恩寵《おんちょう》（grace）」といいますが、レッテル貼りをやめることで恩寵が顔を出すのです。

ある程度、レッテル貼りや意味づけをすることは、わたしたちの実生活のなかでは避けられません。完全に非二元では生きられないでしょう。赤信号では止まらないといけないし、お店で売るには適切な値段を設定しなければいけないし、それはそれでいいのです。要は、二元に振り回されて盲目的にならないよう気をつけ、もっと純粋無垢な視点で、世界のありのままを感じようとすることが大切なのです。完璧さはいりません。少しばかりの努力の継続があればいいのです。

POINT

**レッテル貼りや意味づけをしなければ、純粋無垢に世界を見て、そこに神性を知覚することができます。限られた側面しか見えないことで、そこに問題が生まれます。あるがままの世界には恩寵がたくさん存在します。**

# ほしがらないこと、捨てること、手放すこと

エゴは獲得と所有が好きで、それらを通して特別だと実感したいと思っています。ですから、たくさん獲得と所有ができている人は特別感が強いです。これを普通に、わたしたちは「エゴが強い人だ」といっています。逆に、獲得と所有が乏しい人は、自己肯定感が低く、無力さや不満を感じているものです。しかし、どちらにしてもエゴの基準ではありませんか。わたしたちはエゴとは異なる基準で生きなければなりません。

そのためには、「ほしがらない」ということを実践していきましょう。願望は常に生まれていきますが、欠乏感からほしがったり、物質的なものをひたすら求めても、結局満たされることはありません。純粋に体験を求めればいいのです。与えられる体験に感謝しながら、エゴではなく真の自己を表現できる生き方をしていけばいいので

す。

ほしがるためには、現実を直視し、人と比較し、欠落感を抱かなければいけません。ほしがるほど遠のいていくのは、ここに逆引き寄せの構図が含まれているからです。ほしがらないことで、人生の流れがスムーズになるのです。

ほしがらないフリはできないですし、そんなフリしてもほしがる波動は放出しています。ほしがらないためには、そもそも価値を感じないようになるという認識の変化が求められます。そうではありませんか?

このこと一つとってみても難しいものです。それは、あなたの願望を手放した上に、もうなにも望みませんと宣言させるようです。それでは牢獄のようです。ですが、勘違いしないでください。これは、あなたの自由と幸福のためなのです。

「まるで悪徳な宗教のようでは?」と警戒心をもつかもしれません。そうした宗教が財産を喜捨させようとするのは幻想を諦めさせて違う幻想にのめりこませるだけですが、ここでは真の解放と、本当に価値のあるものに取り換えることを意図しています。

実際、ほしがればほしがるほど苦悩の体験をしてきたのではないでしょうか? それでもがんばらなきゃと奮闘してきたことでしょう。ほしがるほど失うのは世の理です。

捨ててしまいましょう。長年の夢も、達成のための計画も、なんとか手に入れたモノも思い出も。そうすれば解放されます。

それは死です。死と同義です。

抵抗感を強く抱くのは当然だといえます。それだけ、わたしたちは自分自身やこの世界にたくさんの価値を感じているからです。

言い方を変えましょう。長年の夢も、達成のための計画も、歯を食いしばって独力で奮闘するのはやめて、大いなる源の流れに委ねてしまいましょう。モノも思い出も、そんなにこだわらず、手に入れたり手放したり進んで循環させましょう。この言い方なら受け入れられますか？

人は、やっぱり手放したくないものです。まずは少しずつ力を抜いて、宇宙のエネルギーに身を委ねていくほうが現実的でしょう。すぐさま完全に手放せるなら、本当に心から解放を感じることでしょうが、エゴは全力で守るでしょう。

あえて最初に抵抗を感じる言い方をしたのは、エゴが瞬時にその考えを否定し、守ろうとしたことに気づいてほしかったのです。「死」と言いましたが、それは「エゴの死」を意味するのです。ですから、エゴは全力で守ろうとします。

これまでの経験から、あなたもまたエゴと長い間、闘うことになるでしょう。本当に捨てるべきは、夢やモノではなく、実はエゴです。エゴを打ち消すことができれば、夢もモノもこれまでと違った輝きを放つようになります。

POINT

「ほしがらない」を実践していきましょう。ほしがるほどに苦しみ、それは遠のきます。

全てを捨てれば解放されますが、エゴは抵抗します。ゆっくりと力を抜いて大いなる源の流れに身を委ねていきましょう。

# 思考から離れる

感情は魂と繋がっており、思考はエゴと繋がっています。感情と思考は繋がっていますが、魂とエゴは繋がっていません。エゴは純粋な存在としての「私」から独立したもう一人の私です。

エゴを弱体化させるならば、思考をどうにかしなければなりません。思考は絶えず稼働していて、過去のデータとして長く蓄えられているものは信念として在駐しています。思考は、目の前で起こることにひとつひとつ反応しますし、過去のデータを検索して価値判断しますし、脳内でのおしゃべりをずっとしています。自分でも無駄なことばかり考えていてうんざりしたり、些細なことでくよくよしたり、あれこれ手立てを考えたりするのに飽き飽きしたことはありませんか？

自分の嫌な部分は、ほぼ全てエゴだと捉えてもらってかまいません。そして、エゴは真の自分とは関係ないのです。それは物心ついたときから、人生体験によって身につけてしまい、自分の性格や人格だと解釈してしまっているまやかしです。どうせ気にくわないなら、捨ててしまえばいいではありませんか。

思考は脳が司《つかさど》っていますから、エゴの対策として脳科学はいくらか役に立つでしょう。脳科学でいっているのは、現代の人たちは脳内のおしゃべりが盛んで、注意散漫で、集中力がなくなっているということです。コンピューター社会とそれに伴う生のコミュニケーション不足や情報過多は確かに原因ではありますが、脳が社会によってジャックされているのは昔も今も変わりません。宗教も脳をジャックしてきました。

脳は洗脳されているのです。洗脳によって思考と信念に影響を与え、個人の引き寄せや集団の引き寄せにも影響を与えています。恐ろしいものです。「なにかおかしい」「なにか狂っている」と思い始めることが、正気に目覚めるきっかけになります。

悟りの生き方に近づくと、実はそんなに脳を酷使しなくなります。全てが流れるようにうまく運ばれますし、問題解決のために脳を振り絞ることもないですし、些末なことに煩《わずら》わされることもなくなるわけです。一方で閃《ひらめ》きは増えます。直感で動くことが多くなり、頭で行動しているというより心で行動しているような感覚になるかもしれません。

一時的にでも思考を完全に止めることができるならば、まったく違う世界を見ることでしょう。価値判断は一切なく、ありのままの世界をただありのままに見ることになります。思考を止めることは極めて困難ですが、思考の暴走を食い止め、鎮める程度のことは誰にでも可能です。瞑想はそのために役に立ちます。

瞑想を、成功や集中のため、疲労回復のために使う人は、まだエゴの範疇にいることに気づいてください。物質世界でうまく振る舞うために瞑想を利用し、マインドフルネスと称していますが、真の瞑想は物質世界から離れ、自然に帰るものです。

多くの人の場合、瞑想をしてエゴから離れるのではなく、エゴが瞑想しているに過ぎません。目的も脇に置き、成果も脇に置いてください。求めないことと、一点に集中することは瞑想のコツです。集中は、呼吸やろうそくの炎などに向けるのが一般的です。

止めどなく雑念が浮上してくることや、頭の中でずっと独り言をいっていることにイライラするかもしれません。それくらい脳は自動的に頭の中を満たそうと仕向けてくるのです。あまり抵抗せず、ベルトコンベアに載せるように雑念を流していってください。あまり時間は気にせずに。何分やったら効果があるとかではないのです。求めないようにしてください。ただ、自分のなかで瞑想する時間を大切にしてくれればそれでいいのです。

普段の生活のなかでも脳は忙しいことでしょう。思考は感情と連動してぐるぐる考えたり、イメージを送ってきたり、音楽を奏でたり、せわしないものです。頭の中を動かし満たすよりも、頭の中を静かにしていくことのほうが人生では重要かもしれませんね。それはできるはずです。なぜなら、意味のないことばかり頭の中を巡っているのですから、意味のなさに気づけば、次第に夜の海のように静かになります。

エゴに戦力外通告を突きつけたのですから、エゴに主導権を握らせてはいけません。エゴのいない「私」を感じ取ってください。

POINT

自分の嫌な部分は全てエゴです。エゴが自分でないならば、嫌な部分はまやかしであり、濡れ衣をきせられているだけです。

思考を鎮めるためには瞑想の実践はおすすめです。頭の中を占める意味のないおしゃべりから離れて、静けさをもたらしましょう。

# 真の答えを見つけるために

生きるための智慧を貯え、何度も挫けながらも懸命に考えて学んで実践して、ここまでやってきたと思います。本当におつかれさまです。これまでの長い旅ではずっとエゴがあなたそのものとして頑張ってくれました。

しかし、不思議なことに、いつまでも答え探しが続いています。どれだけ学んでも、どれだけ答えを探して見つけても、真の答えには辿り着いていないような、そんな不安な感覚になりませんか？　それはエゴと離れていないからです。

エゴは、答えを探させるのは大好きですし、答えをたくさん見つけてほしいと思っています。しかし、真の答えには辿り着いてほしくありません。そうすると、エゴの正体がばれ、存在が脅かされてしまうからです。答えは現実世界のなかだけで探すように仕向けます。それでも、やはり答えというものがわからなくなり、人は神を探しはじめます。内なる探求を始めるのです。

慌てたエゴは、さまざまな疑念や矛盾をつきつけて諦めさせようとします。それでも粘り強い人は探求を続けます。ならば、エゴは別のところを探させます。さまざまに幻惑させて、それらしき答えを見つけさせます。擬人化させた神や偶像化させた仏、偉そうなグルを信じさせるかもしれません。引き寄せの法則であれば目に見える物質的な実現ばかりに目を向けさせ、成功者を崇拝させて、その背中を追わせるかもしれません。

エゴは真の答えだけは見つけさせないようにします！

しかし、真の答えに辿り着く人がいるのです。その数は増えています。ですから、目覚めの時代だといわれるのです。辿り着いた人たちは、エールを送り、人々を導こうとしています。とはいえ、相手は答えを見つけないようにさせるマジシャンですから、そうそううまくはいきません。マスターと呼ばれる人たちが、大いなる源と繋がっているのに、なかなか世界を変えられないのはそういう理由です。彼らが歴史的にも迫害されてきたのはそういう理由です。

さて、エゴの生き方に限界があるのなら、真の答えを見つけるためにもう少し歩を進めてみませんか？　もう答えは見えているのです。ただ、エゴが依然として邪魔しているだけです。

真の答えの報酬はなんでしょうか？　それは真の安心であり、真の喜びであり、真の幸せです。真の自己に帰ったにもかかわらず「失敗した」と思う人はいないでしょう。

そこは神と出会う場所であり、エゴが解体する場所です。そして人生と生命が回復する場所です。天国とは、肉体が死んだときに辿り着く場所ではなく、エゴが死んだときに辿り着く場所です。ですから、肉体をもったままそこへ行けるのですよ。「神の王国」は地上にあるのです。

POINT

エゴは答えを探させ、見つけさせてくれますが、エゴと離れない限り真の答えには辿り着きません。

代替となる答えではなく、真の答えを目指してください。そこで真の安心、真の喜び、真の幸福を受け取ってください。

## ただひたすら「ゆるし」を実践する

今はまだ恐れと罪の意識がまだあちこちに根を張っています。エゴは消えたかと思っても突然、顔を出します。ここからが正念場であり、長期的な忍耐が求められます。エゴが顔を出すとき、それは大抵、怒りや憎しみや不満や軽蔑などネガティブな感情で表現されるのでよくわかりますが、そうしたときには「ゆるし」という神器で対抗してほしいと思います。エゴは恐れと罪悪感の象徴なので、「ゆるし」という単語を使っていますが、もう少しわかりやすくかみ砕きましょう。

①**「どうでもいい」**……目の前で起こることを重要視するから感情が逆撫でられるのです。どうでもいい、といって流してしまいましょう。

②**「かまわない」**……誰かに嫌なことをされても、復讐しようとしたり、感情を抑圧させたりするのではなく、まぁ、いいやと忘れてしまいましょう。

③**「それでいい」**……期待通り、望み通りにいかないことがあっても、自分は思うようにやったし、ベストを尽くしたと認めてあげましょう。

④**「悪くない」**……失敗したり、人に迷惑をかけてしまって自分を責めたくなっても、みんなそうなわけですし、学びと成長の糧にして、罪を感じないようにしましょう。

⑤**「ありがたい」**……全てが贈り物であり、貴重な経験を与えてくれているし、いつでも見守られているということに感謝しましょう。

あからさまにマイナスな出来事が起こっていると、エゴの反応はわかりやすいものです。しかし、盲点があり、うまくいっているときにもエゴは暗躍しています。それはうぬぼれているときです。自分を特別視しているときです。そのとき、自分は違うという嬉しい思いに浸っていますが、深刻な「分離」を引き起こしており、真の自己から離れています。

なんでも思い通りにことが進んだり、世にいう成功を収めているとき、世間の人は「引き寄せているなぁ」と思うでしょうが、他人を蔑《ないがし》ろにして自分を英雄視していたり、他人から奪って利益を貪っているのであれば、その人はエゴに取り憑かれています。真の答えから、完全に離れたところに行っているのでエゴにとっては快感です。独力でなんでもできるということはエゴにとって理想なのです。

騙されないでください。価値観を物質的な成功や特別性に置くと、ゆるしは機能しません。ゆるすならば、他者を認め、他者に積極的に与えるはずです。

ゆるしとは、自分の周りに現れる神性と異なる対象を打ち消すことです。不平等さが見えるところ、弱者や敗者が見えるところ、絶望や混沌が見えるところで、それらを愛の目で認めます。変えようとしたり、否定したりする必要はなく、神のエッセンスと異なるものは幻想に過ぎないと、受け流せばいいのです。それらは分離の証拠であり、わたしたちは取り消していくことで一体へと向かいます。

わたしたちは、自分に対しても、世界に対しても、ゆるせないという思いを抱きすぎていて、人間が創造した幻想ばかりにフォーカスを当ててしまいます。そうしたものに出くわしても、ただ打ち消して、その先にある神性があふれた世界に心を開きましょう。

POINT

ゆるしを忍耐強く実践していきましょう。「どうでもいい」「かまわない」「それでいい」「悪くない」「ありがたい」という言葉は役に立ちます。ゆるしは愛の目で認め、幻想に過ぎないと受け流すことで、分離ではなく一体の証拠を見ます。

# ゆっくりと自己を消していく

打ち消しの心は、エゴと呼ばれる自己を弱体化・無力化させていくことで、真の自己を露《あら》わにして、生まれ変わった新しい自分になっていくプロセスです。その新しい自分とは、神に創られたままの純粋なる人間としての自分です。

「私は〜です」の「〜」に当てはまるものが多数あると思います。教師や弁護士といった職業、明るいや落ち込みやすいといった性格。「私は」のあとにさまざまな言葉をくっつけて、自分を現すことができます。

「〜」がなくなったらどうなるでしょうか？　「私はです」。英語であれば「I am.」。「私は在る」ということのみが残ります。本当のところ、これだけで充分で完璧なのです。しかし、わたしたちはバラエティー豊かで特別な「〜」をいかに手に入れるかに躍起になってきました。それが生きる価値であり意味だと思ってきました。けれど、存在しているだけで充分で完璧なのです。

善悪、高低、愛憎、成功失敗など、二元性が「〜」と手を取り合っています。「〜」がなくなれば、二元性もなくなり、苦の源は全て消え去ります。ただ、あるがままに全てが存在しているだけです。このワンネス（全てと一体になっていて一つであること）の状態しか希求しなくなれば、人は完全な悟りに達して、もう輪廻転生もしなくなるでしょう。

しかし、ここを目指すのはまだ早すぎます。まれに、一時的にこうしたワンネス体験をする人がいますが、結局戻ってきます。それは、肉体に宿った状態でやれることがたくさんあるからです。それが人間としての創造です。

ワンネスを知ったからといって、二元から逃れるように、自己の肉体や精神を嫌ったり、世界は幻想だから存在しないと否定したり、二元が見えるのに見えないフリをしたりしないでください。悟りの実践を間違えてしまっている人がいます。

あなたに歩んでほしい道は、こういう道です。「私は〜です」のエゴの部分であった「～」を消していって、代わりに真の自己に見合う「～」を入れていくのです。神のエッセンスがそこには入ります。「私は愛です」「私は奇跡です」「私は自由です」「私は創造です」「私は神の子です」。これらはなにも間違っていません。真のあなたを現しています。

そして、そのように生きてください。肉体に宿りながら、神を宿す人間となってください。そこに、真の喜び、真の幸せがあります。

POINT

「私は在る」だけで充分で完璧ですが、人間はさまざまな「～」を加えることに躍起になってきました。「私は～です」におけるエゴの「～」を消していき、真の自己を表明する「～」を入れて、そのように生きていきましょう。

# 第5章「Be Natural, New Life」

# 新たな目覚め

さぁ、目的地に辿り着きました。これ以上、道を進んでいく必要はありません。新しい景色が見えます。第5章では、新しい地での過ごし方について語りながら、これまでの智慧を定着させ、理解を深めていきましょう。

今や、願望実現よりも、どう生きるか、どう存在するかのほうが重要だと思えるでしょう。かといって、願望実現がなくなるわけではなく、とても自然にそれらが実現していくようになります。実現を邪魔していた思考や信念が取り除かれ、スムーズに贈り物が届くようになったのです。これからは願望実現を通して、どう生きるか、どう存在するかを実践していくようになるでしょう。

そして、願望も変化していることに気づくでしょう。エゴの目指していた、獲得と所有、特別な自分になることが薄らぎ、より人のためになることや与えることが願望のなかに入っていることに気づくのではないでしょうか。つまり、自分だけが得をしようという生き方から、みんなが得をするような生き方へと変化し、進んで自分の能力を活かして人に与えるようになっていきます。

また、自然との結びつきも、今まで以上に感じることでしょう。わたしたち一人ひとりが完全に分離した存在ではなく、あらゆる存在と繋がっていることを知ったならば、真っ先に一体感を感じられるのは自然です。森や海や動物たち、太陽や月や土や風と繋がった感覚を感じるかもしれません。

また、エゴに取り憑かれていた人生であっても、全てに意味があり、学びや喜びがふんだんにあったことに気づき、人生には数多くの伏線があったことにも気づくのではないでしょうか？　エゴのままに生きていたのに、こんなにも支援され、こんなにも導かれ、こんなにも恵みがあったことに驚くかもしれません。

エゴとの同化がなくなっても、エゴの存在は時折感じることでしょう。ですが、謙虚で賢明な下僕に変わっているのではないでしょうか。エゴが一歩下がっておとなしくしている今、頭の中も静かで落ち着いています。

迷いや悩みも生じることがあるでしょうが、新しい生き方が定着するまでの辛抱です。早く、新しい人生がもたらす真の幸せ、真の喜びという証拠を見たいと待ちきれない思いになるのも無理はありませんが、夜明けのようにゆっくりとそれは現れます。目が覚めて、視界がクリアになっているかもしれませんが、また眠ってしまうこともありえます。そうすればエゴがまた先導し始めます。悟りの生き方というのは、しばらくは実践、実践です。ぼくも、日々実践しているところです。この場所で、新しい生き方をともに定着させましょう。

POINT

**願望実現を通して、どう生きるか、どう存在するかが重要になります。新しい生き方を定着させるために、一体を感じながら悟りの生き方を日々実践していきましょう。**

# ２つの視点と中道の生き方

願望は自動的に実現に向かうエネルギーをもっており、真の幸せ、真の喜びはわたしたち本来の姿です。邪魔をしていたのは、エゴでした。人や社会から学び、蓄積したデータの集合体のなかに、こびりついて離れない信念があり、それらが引き寄せを停滞させたり逆引き寄せを引き起こしたりしていました。また、物質的な現実への過度のフォーカスや依存によって、幻想を追いかけすぎて真実が見えなくなっていました。

願望を退ければ、邪魔をしていた信念も退き、願望は実現します。エゴを消していけば、真の自己が現れるようになり、大いなる源のパワーによってあらゆることが自然に動き、人生は豊かに彩られます。

これまで現実を見ながら、戦略を練り、努力をしてきたと思いますし、その果てにすっかり疲れ切り、挫折感にうちひしがれているかもしれません。あるいは、たくさんの勲章や財産を手に入れたものの虚しさに浸っているかもしれません。

あなたの視点は、まだそういった苦闘の世界のなかにあるかもしれません。ですから、少し離れた視座に立ってみましょう。

あなた自身が立っている姿を思い浮かべてください。目の前に、ホログラム（立体映像）が浮かんでおり、そこにはあなたにとって意味がある、恋人やお金や仕事、夢や自由や成功があります。あなたはホログラムを見ています。そこから、幽体離脱するかのように、後ろに二、三歩退いてください。そうすると、ホログラムを見ている自分が目の前に見えます。その自分は、ホログラムのなかを高速で目を追いながら、笑ったり泣いたり怒ったりして、とても忙しそうです。無数のものを夢中で追いかけ、それらの善悪や価値、好きか嫌いかなどを瞬時に判断して、手に入れるものを選ぼうとして、成功したり失敗したりしています。

後方に退いて、自分を見ているあなたは、真の自己の視点に立っています。その視点に立って、どんなことを感じるでしょうか？

わかっていてもなかなか手放すことができないのは、ホログラムの前に立っている自分の視点でしか見ていないからです。そこはもう映画のなかのようなもので、そこにいると夢中で演じ続けてしまい、真実の智慧も忘れてしまいます。

ちょっと後ろに退いて、人生や自分自身を見つめてみると、一生懸命追いかけているものがそれほど重要だろうかと思えてきます。怯えて不安になっている対象にしても、それほど恐いものだろうかと疑うことでしょう。

真の自己の視点に立って、物事を俯瞰的に眺める習慣を取り入れてください。かといって、ずっとその視点にいなくていいのです。せっかく人間として三次元の世界に来ているのですから、あるときはホログラムに没頭し、あるときは俯瞰的に真の自己の視点で眺め、そのように交互にバランスを取りながら生きていくことが可能です。

少し難しい説明かもしれませんが、二元を認識しつつもそれらに囚われず、非二元の一体を理想としつつも、「今」という二元の足場に立って生きること。エゴを認識しつつもそれに囚われず、真の自己を理想としつつも、神を宿した個別の人間として生きること。このバランスが、釈迦のいう「中道」の究極の在り方ではないかと思います。

POINT

**自分自身を俯瞰して見れば、現実のなかで忙しく価値判断をし、一喜一憂している自分に気づき、手放すことが容易になります。真の自己や非二元に目を開いても、「今」という足場を現実に置きながらバランスを心がけましょう。**

# 心と形

心がわたしたちの世界という空間に投影されて形になっています。わたしたちが形として見るものは、全て元は心から誕生したものです。

わたしたちは、形ばかりを見ています。形への信仰がとても強く、それ故に形に執着し、形で判断します。しかし、大切なのは心です。スピリチュアルとは単に形への依存を脱して、心を大切にしていくことに過ぎません。

人生経験における豊かさや幸福も、形を基準にするのではなく心を基準にしましょう。心を満たし、魂を喜ばせてくれるのは、車や家や名声ではないことはもう知っているはずです。それら無数の形を否定する必要はありませんし、形を消失させる必要もありません。形は創造と体験においてとても役立っています。ただ、形より心を大切にすればいいだけです。

目の前に見える形を変えたければ、心を変えればいいだけの話です。形ばかりを追いかけて、形をいじくり回すことで、人生がめちゃくちゃになっています。もっとスッキリと、シンプルに変えましょう。

エゴが過去のデータを元に生み出したたくさんの価値基準によって、心は荒れ狂い、形も荒れ狂っています。エゴを手放していけば、心はシンプルになり、形もシンプルになり、あなたを脅かすものも心をかき乱すものも消えていきます。

人は、脅かすものとは自分以外の存在であり、無理難題や理不尽さを押しつけてくるのも自分以外の存在であると思っています。確かに、集団で世界を創造しているので、自分以外の力がそこにはありますが、自分の視界にそれらがあるのなら、少なくともそれらを招き入れているのは自分であることは確かです。

わたしたちは、見たいものを見て、体験したいことを体験しているのですが、その引き寄せの源となっている原因を自分の心のなかに見つけることを怠っていて、なんでも他の存在や社会のせいにしてしまいます。

けれど、あなたの心が大切なのです。神と同じエッセンスを心の中に回復させてください。それはどこか他にあるのではなく、ずっと内側に存在するものです。
心の中心部に神がいます。そして全ての人の心の中心部は繋がっています。

POINT

**心が投影されて形になっています。形ばかりに囚われずに心を大切にしてください。**
**自分以外の存在に責任をなすりつけず、自分の心の中を神のエッセンスで満たしてください。**

# 与えることは受け取ること

わたしたちが世界に対して積極的に働きかけていきたいことは「ゆるし」以外にもあります。それは「与える」ということです。この二つだけで世界を大きく変え、人生を奇跡に彩ることができます。

「ゆるし」という神器についてはお伝えしました。「与える」という二つ目の神器についてお伝えしましょう。あなたが肉体に宿って人間として生きていく間に出くわすネガティブなことに対しては、その都度「ゆるし」を実践することでこれ以上活性化させせず、もう煩わせることがないように鎮めることができます。「与える」ことを実践していけば、より多くを「受け取る」ことになり、あなたは愛や豊かさで満ちていくことになります。

与えることは受け取ることです。これも一つの法則のようなものです。

与えることは失うことではありません。与えることは増やすことです。このことを理解するためには、宇宙が拡張し、生命が絶えず生み出されていることを思い出すだけで充分です。神は増やすことが得意なのです。そして、神がなにをしてきたかというと、与えるということです。生命を与え、自由を与え、愛を与えています。ですから、神と同じ行為をしていけば、増やすことができるのです。

もちろん、獲得と所有のためにこんなことを言っているのではありません。わたしたちの創造と体験のためです。与えることによって、物質的な豊かさも増えていきます。ですから、この法則は悟りに目覚めていようがいまいが誰にでも有効ですし、獲得と所有のためにも役に立つのは確かですが、そこに愛がなければいずれ枯渇することになるでしょう。

また、「与えることは失うこと」という信念を打ち消しておかなければいけません。与える際に、不足感や欠乏感を感じていたら、それは引き寄せのパワーを宿してしまいます。惜しみなく与える人は、ふんだんに受け取ります。

「与える」という神器は、目の前の困っている人に手を差し伸べるという奉仕や、相手の自由を認めて束縛をやめること、相手に挨拶したり褒めたりすること、食事をおごってあげたり買い物をすること、などバリエーションはたくさんあります。

共通していえるのは、自分がもっているものしか与えられないということと、愛の精神がないといけないということです。

例え、現時点で少量しかもっていなくても、与えるという行為から、自分がもっていることを信じ始めるかもしれません。「少ししかない」というのは、いらだたしいことでしょう。しかし、そもそも「少し」とか「たくさん」という二元性にうんざりしているならば、量など関係ないマインドになりましょう。

実際、愛も豊かさも無限なのです。そこに、二元性を持ち込むから、有限の引き寄せが強化されてしまうのです。制限のない自分へと羽ばたいていきましょう。あなたはそうやって進化していく存在なのです。

POINT

「与える」ことは神器の一つであり、与えることは受け取ることです。獲得と所有のためではなく、愛に基づいて与えることを実践してください。そして、制限のない与え手になりましょう。

## 繋がりながら人生を変えていく

「ゆるし」と「与える」ことを実践していると、さまざまな関係性を築くようになります。これが「つながる」という三種の神器の三つ目になります。

スピリチュアルの世界では、内的な繋がり、真の自己との繋がりが重要視されています。一方で、現実に埋没している人は、外的な繋がり、例えば人間関係や社会的な適応が重要視されています。どちらもバランスを欠いています。

確かに、真の自己、大いなる源との繋がり以上に大切なことはありませんが、外界に自己が投影されている以上、現実世界との繋がりも極めて大切なことです。わたしたちは、心を形として体験しているわけですから、形を癒やしたり豊かにさせることで、心もまた癒やされ、豊かになります。

わたしたちが体験する関係性とはどんなものがあるでしょう？　会社での会議や、

友人との談笑、恋人との喧嘩、旅行先での感動、ＳＮＳでの交流など、さまざまな側面がありますが、それらのなかに自分の顔が映っていることに気づいているでしょうか？　他者の中に自分が投影されていることに気づいているでしょうか？

「ゆるす」ことと「与える」ことは、関係性のなかで行使することによって、現実を変化させながら自分の人生も変化させていきます。作用反作用があるのです。投げたボールが返ってくるのです。

ですから、そのために「つながる」ことを積極的に取り入れてください。人やモノ、食べ物や機械、動物や植物、社会や自然、地球や宇宙。さまざまな対象が存在しています。地球上だけでも無限のバリエーションがありますから、それら全てと繋がることはできませんが、自分の目の前に広がっている世界で充分です。

「つながる」とは、具体的にどういうことでしょうか？　簡単にいえば、愛を感じるということです。それは、温かい感覚かもしれませんし、エネルギーが行き交う感覚かもしれません。繋がっている証拠の感覚は必要ではありませんが、実際に声をかけて対話したり、一緒に事業に取り組んだり、鳥の鳴き声を聞いたりするなかで、愛を感じるように意識してください。

わたしたちの人生を眺めて振り返ってみると、関係性とは、ぶつかったり、こすれたり、やけどをするような嫌なことばかりだったかもしれません。親に叱られたり、クラスメートに無視されたり、劣等生のレッテルを貼られたり、大学に落ちたり、やりたくもない仕事をせざるをえなかったり、好きな人から別れを告げられたり、お金をむしり取られたり。そうして、ゆるせないという気持ちが育ち、獲得と所有の気持ちが強くなり、人が信じられなくなり、癒やしも希望もなく生きてきました。

もうここまでの旅で、そんなことは過去の幻影のように思えてきているかもしれませんが、これからも新しい関係性のなかで生きていきますから、これからの関係性はやさしくて、やわらかくて、温かいものにしていきましょう。そのためには、あなたの側から愛を発信することが大切です。

繋がりを広げていくことによって、人生は拡張され、創造の醍醐味も増していきます。これはあなたの体験する世界を癒やし、人生に喜びと幸福をもたらすことに繋がります。

POINT

「つながる」とは神器の一つであり、関係性のなかで愛を感じることです。愛に基づいて繋がることで、関係性をむすび直し、やさしく、やわらかく、温かいものにしましょう。

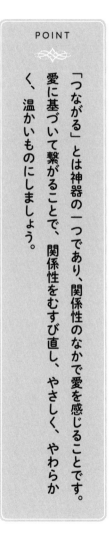

# 全ては自然に流れてきて、去って行く

「つながる」ことをあらゆる関係性の中で行使していっても、その関係性に執着はしないでください。流れに任せていればよいのです。愛をもって繋がる意識をもっているのに、相手からは無視されたり、関係性を遮断されたりすることはありますし、出会いがあれば別れもあります。それでいいのです。

関係性のなかに束縛してはいけません。お互いに自由でありましょう。そういう意味で自然や動物はうまくやっていますね。

流れるまま、あるがままに通り過ぎさせることにうまくなりましょう。わたしたちの視界を高速で過ぎ去る人や出来事に対して、瞬時にレッテル貼りをして、良いと思うもの、ほしいと思うものを確保したがりますが、流れるままにさせておけばいいのです。

そんなに意味づけをしなくても結構です。確かに、自分で引き寄せているのですから、意味がありそうに感じますが、意味づけは疲れてしまいます。わからないなら、わからないで、それでいいのです。

何度か「創造と体験」について言及しました。わたしたちは、結局、創造し、体験しているだけなのです。それだけです。

所有も、体験の内ではありますが、肉体を捨てるときには全て手放すわけです。なにもかも手放して、エネルギー体に戻るのですから、そんなに獲得に奮闘したり、必死に所有物を守ったり、少しでも増やそうと夢中になる必要はありません。どうせ流れ去っていきます。

空気も水もエネルギーも循環しています。あらゆるものが動いていて、流れているのです。人間は堰き止めることまではできないにしても、少しでも手の中につかもうとしてきました。それが幸せだと思っていたのです。しかし、幸せは手に触れる体験だけで充分だったのです。

POINT

関係性に執着したり、関係性のなかで束縛しないでください。流れるままに通り過ぎさせましょう。

わたしたちは創造と体験しかしていないのですから、獲得や所有に取り憑かれないでください。

# 不安、迷い、悩みの終焉

エゴを弱体化させることに成功し、エゴの価値観や、世界の二元性に執着しなくなれば、とても静かな状態に移行するでしょう。思考が今までのように騒ぎ立てたり、必死にならなくてもいいので、穏やかです。これまでつきまとってきた、不安や迷い、悩みというものがどこかに消えていったように思えます。

とても幸せな状態に移行したかに見えますが、そこからまた逆転の動きが始まることがあります。これはぼくも経験したことです。

「人生を変えるためにそうしたのに、あれ、人生が変わっていないぞ?･」というジレンマです。ここでまた疑いが生じます。「なにか間違っていたのだろうか?･」「なにかがまだ足りないのだろうか?･」そうやって、また思考が活発化し、答え探しの探求が始まります。こうして堂々巡りになります。

堂々巡りしても、同じ問題に再度ぶち当たるにしても、やはりそこで気づきと成長があるので、悪いことだとは一概にいえませんが、出来る限りそのループを早く終わらせたほうがいいでしょう。でないと、また人生にうんざりすることになります。

世界に対してのヴィジョンを変えたことには違いないのです。同じ現象、同じ光景を見ていても、かつてのような感情的反応はありません。そういう意味では世界はすっかり変わったといえます。

ただ、変わった証拠をもっとほしいと思うのも当然で、これまで散々話してきた喜びや幸せを形として体験したいと思うのももっともです。それらも時間差でついてくるので安心してください。

悟りと呼ばれる境地に達したとき、感じるのは孤独かもしれません。世界は同じなのに、自分だけ違う世界にいるように感じ、相も変わらず喜怒哀楽のドラマをやっている人間たちとは疎遠になったようにも思います。それは、幻想が解けたからです。幻想が解けたからといって、世界がなくなるわけではありません。やはり、そこにあります。違うのは、あるがままの世界をそこに感知できるようになるということです。
あるがままの世界を感知するというのは、あらゆるところに神を見るということです。神を見るというのは、自然の美しさや生命の躍動、愛や奇跡を見るということです。それらが出現したわけではなく、エゴのヴィジョンを採用しないことによって、より際だって気づけるようになったということです。

ですから、世界はそのまんまです。エゴがここで主張したいことは、「それで人生が変わったといえるのか？　お金が入ったか？　病気が治ったか？　嫌なやつがいなくなったか？　ストレスがなくなったか？」というお決まりの疑問集です。隙あらば、あなたの一番苦手なところを突っついてきます。

このエゴの声に対抗するために意地でも幸せなフリをし始めたり、またあくせく努力や答え探しをし始めると、エゴの術中です。

もうそんな堂々巡りをやめて、静けさを味わってください。エゴが黙っていれば、静けさを味わい、完璧さを感じ取ることができるのです。そこにある永遠の幸せを認めてあげてください。これ以上、必要なものがあるでしょうか？

不安や迷いや悩みが消えた状態にしばらくの間、浸ってみてください。現実的にはなにも変わっていないとしても、静かな完璧さを感じ取れているなら、あなたは目覚めているのです。また眠りにつかないようにしましょう。

ぼくの経験からいって、そのあと「形」の変化や、証拠の出現、情熱の再燃は自然な流れによってやってきます。

POINT

静かな状態に移行することで、世界に対する見方が変わり、あるがままの世界を見られるようになります。

エゴのお決まりの疑問集に誘い込まれると堂々巡りになります。静かな完璧さに浸ってください。

# 学び、探求の終焉

学び成長すること、探求し発見することは素晴らしいことで、ここまでの旅でも行ってきました。しかし、目標地点に辿り着いてしまえば、もうそれらは必要なくなります。元々、真の自己としては全てを知っていたために、悟りのプロセスは思い出すプロセスともいわれます。また、神の王国に到達するのではなく、我が家に帰るという言い方もされます。

時間とは、わたしたちの視点の動きによる錯覚に過ぎず、全てが同時に存在しています。学び途中の自分も悟りの境地の自分も同時に存在しているということになり、どこにも動かない真の自己が過去のシーンと未来のシーンを同時に映画館で観ているような感じです。時間の幻惑はそのまま放置して結構です。肉体に宿っている以上、これは超えられません。ただ、答えが存在して、それは思い出すだけなんだと知れば、奮闘の力みもいくらかほぐれることでしょう。

エゴは、問題を見つけては答えを探すのが好きだと言いました。その過程で、確かにわたしたちは多くのことを学び成長していきます。しかし、この答え探しは目標地点に着いたわたしたちを惑《まど》わし、またいつのまにか離れたところへと連れていってしまいます。「ああ、これだ」と答えを見つけたのに、いずれまた、問題を見つけ、答え探しをさせてくるのです。

ですから、「答えを知っている」「探すものはもうない」という自覚をもってください。これは、まじないのように言い聞かせるためではなく、本当に疑問がないと信じればもう疑問はないからです。わたしたちは、純粋な存在レベルで見れば完璧ですが、人間という多様性のレベルから見ればいつまでも不足しています。無限の多様性の目で見たら、完璧ではありえないので、いくらでも問題を浮上させることができます。その幻惑にはまらないでください。

あなたは全てを知っていて、もうすでに完璧で、足りないものも探すべきものもありません。恐れの原因は愛によって打ち消されています。元々はここがスタート地点でした。そこから、恐れや欠乏の幻想を生み出して、探求を始めたのが、人間の輪廻転生の初期の頃のストーリーです。それから随分長い年月を経て、元々いた場所に帰ろうとしています。

終焉。なにが終わるのでしょうか？　終わってどうなるのでしょうか？

終わるのは幻想であり、終わって始まるのが本当の自由です。エゴとの同一化が解かれ、真の自己との同一化が達成され、惑わされることのない創造の時代が幕開けとなるのです。終わることを寂しがらないでください。これは祝福すべきことなのです。

POINT

**学びと探求はこれまでの旅で大変役に立ちましたが、そろそろ終わりにしましょう。**
**もう答えを知っていて、すでに完璧であるという元いた場所に帰りましょう。**

# 奇跡で満たされる唯一の「今」

ここまで数多くのことを提案してきたかもしれません。一つひとつが簡単ではないでしょう。しかし単純にいえば、引き寄せの法則の「その先」とは、引き算なのです。
あなたの願望＋願望実現を邪魔する信念＝引き寄せられない現実　であれば、
あなたの願望－願望実現を邪魔する信念＝引き寄せられる現実　となります。
これをもっと深く考えると、
私＋エゴ＝苦しむ私　なので、
私－エゴ＝幸せな私　となります。
真の自己＋純粋な私＋エゴ＝悟りの途中の私　なので、
真の自己＋純粋な私－エゴ＝悟りに達した私　となります。
なので、こうした邪魔となっている障害物を取り除くことが「打ち消しの心」の真髄なのです。難しく感じるのは、それらの障害物こそが、自分自身と同一視し、大事だと価値を置いてきたものだからです。取り除くのに強い抵抗が生じるのも無理はありません。

しかし、取り除くことができれば、そこには奇跡が随所に見えるようになります。不自然な人生が自然な人生にとって変わります。元々もっていた神と同質のパワーが回復され、人生が喜びと豊かさと幸せで満ちていくようになります。邪魔していたものを取り除いたのですから、当然の結果です。

それでも、まだどうしていけばいいかわからないかもしれません。目の前に奇跡は見えず、幸福の感触もなく、暗い気分でいるかもしれません。早く変わりたいという思いは、変わっていないという欠落の思考を強めてしまいます。焦らないことです。必死に引き寄せようとしているうちは、それは達成されません。

障害物の正体は過去の産物ですから、もう少し「今」に集中する意識をもってください。そして、未来への期待は過去の産物の延長上にありますから、未来のこともあまり考える必要はありません。流れに身を任せてください。「今」という時間にあなた自身を置いてください。「今」こそが、創造のパワーを発揮できる永遠の瞬間です。
どんなに旅をしても、足を踏みしめているこの地は「今」であり、その「今」の場が全てに通じています。代わり映えしない景色のなかに変化が確かにあります。あなたが気づいていないだけで、その実、あなたのために壮大な変化が起こっています。もう少しです。

POINT

**引き寄せの法則の「その先」とは、引き算であり、過去の信念やエゴという障害物を取り除くことです。過去や未来に目を向けず、今に集中し、身を任せてください。変化は起こっています。**

# 自然に帰り、愛に帰る

旅の目標地点まで到着したので、そろそろ皆さんとのお別れの時が来たようです。あとはご自身の内なるガイドに従っていくといいでしょう。今はまだ、走馬燈のように、悟りのプロセス、真の答えへの辿り着き方を知っただけなので、多くの人の場合、体験として、長い時間をかけてこのプロセスを歩き直さないといけないでしょう。それが、本当に自分を変えるプロセスです。

結局、どんなマスターも言葉で紹介するだけで人を変えることはできないのです。一人ひとりが自己と向き合い、覚悟をもって変えていかなければいけないのです。

この旅は、宇宙の仕組みに気づくためであり、真の自己と関係を結び直すためであり、エゴに気づき、別れを告げるためであり、創造のパワーに気づくためでした。こうして振り返ってみると、新しいものを加えるのではなく、無駄なものをそぎ落とし、自然に帰っていくプロセスであったことに気づくでしょう。ですから、一言でいうならば「Be Natural（自然に帰る）」というだけのことだったのです。

旅の最初から再三お伝えしてきましたが、わたしたちの本質は愛なのです。この愛という概念自体も、さまざまな価値観がこびりついていて、そぎ落とさなければなりませんでした。愛の本質に帰っていけば、神に抱擁されることになります。抱擁された状態で恩寵が届かないはずがありません。不安や恐れや罪悪感は消えてしまい、自由で幸せで喜びにあふれた状態になります。

ここまでくれば、「引き寄せる」「引き寄せられない」などが、表層的なことだったとわかるでしょう。引き寄せの法則は、人生は自分が創造しているということを明確に理解し、創造のパワーに目覚めるためには重要な導入でした。

まるで小学校に入学し、ドキドキしながら教室に入り、勉強をし始めたときのような興奮がそこにあります。しかし、人生は勉強ができるできないの問題じゃないなと大人になって気づくように、人生も引き寄せる引き寄せられないの問題じゃないなと気づき、より本質を求めるようになるのです。

さぁ、新しい人生が待っています。この旅は、あなたを夢見心地にさせるためにあったのではありません。実行してください。現実化された旅がこれから始まります。

この本は、何度でもガイドブックとなります。何度も迷うし、挫けそうになるでしょうが、あなたを助けてくれるガイドはたくさん存在しますし、内なるガイドは常に共にいます。あなたは孤独ではありません。自分の今いる場所から始めてください。

今、その場所から、あなただけの旅が始まります。

POINT

**この旅の最終地は自然に帰り、愛に帰る場所です。この旅を実行し、直《じか》に体験してください。あなたを助けるガイドはたくさんいます。**

## あとがき

ここまでの旅に対して、心から「おつかれさま」と言わせてください。最終地点の景色が見えたでしょうか？　そうですね、たぶん、これからも「答え」探しをするでしょうし、同じ道を何度も通ることでしょう。けれど、それでいいのです。自分の力で自分の旅を進んでいくしかありません。

とはいえ、助けは借りてよいのです。わたしたちの世界は愛でできているのですから、助け合っているのは当然です。ぼくとしても、これからもあなたの旅のお手伝いができればと思っています。何度挫けても、迷っても、どん底まで落ちても、光がなくなることはありません。もう光から避けるのはやめましょう。あなたがどこにいようと、たくさんのスポットライトが照らす奇跡的なステージはすぐ目の前にあります。隠れる必要はありません。遠慮する必要はありません。裏方でも観客でもなく、あなたは自分の人生の主役なのですから。

ぼく自身も助けをたくさん借りました。今のぼくがあるのは、ナチュラルスピリット社さんから出された『奇跡のコース』や『愛のコース』、セスの本らがあったからです。今回、ナチュラルスピリット社の子会社であるライトワーカーから出版させていただくことになったのは、感動的な引き寄せです。まるで、卒業した学校の教壇に立つ新米教師のようです。本書が、少しでも恩返しになり、読者のお役に立つことを願っています。

引き寄せの法則の新時代に期待をかけてくださったナチュラルスピリット社の今井社長、指揮をとっていただいたライトワーカー社の高山史帆さん、編集担当の磯貝いさおさん、そして、企画書をわかりやすくする質問を投げてくださった「企画のたまご屋さん」の深谷恵美さんには、この場を借りてお礼を申し上げます。

引き寄せの法則は、また新しいブームを迎えるのではないでしょうか。しかし、これまでより静かで、願望実現よりも個々の目覚めに寄与するものが受け入れられていくでしょう。「その先」に橋渡ししていく役割を担いつつ、ぼくはぼくで、唯一無二の創造を楽しんでいきたいと思います。お読みくださり、ありがとうございました。

令和元年七月　Shinji

著者プロフィール

引き寄せの法則マスター
**Shinji**

日本大学芸術学部演劇学科卒、日本大学大学院舞台芸術専攻修了。ロンドン大学ロイヤルホロウェイ校に留学後、演劇を起点としたさまざまなビジネスを手がけ、劇作家、演出家、俳優、演技講師、研修講師、演劇教育家、経営者として幅広く活動。ビジネスパーソンに人前での話し方やあがり症克服法を教え、日本の教育に表現教育を普及させるべく、こどもの演劇教育にも力を入れている。2007年にエイブラハムの本と出会ってから、引き寄せの法則の学びに没頭。“引き寄せの法則マスター”として、カウンセリングやセミナーを行う。

日本で初めての引き寄せの法則動画講座や、日本人最多の14冊の電子書籍をリリース。オリジナルの引き寄せノートも開発する。『神との対話』（サンマーク出版）や『奇跡のコース』、『愛のコース』（ナチュラルスピリット）などからも学び、10年かけて深遠なる学びを統合してきている。

# 引き寄せの法則の「その先」へ

引き寄せ難民にならないための大事な気づき

2019年8月12日　初版発行

著者／Shinji

編集／磯貝いさお

装幀・本文デザイン／鈴木 学

発行者／今井博揮

発行所／株式会社ライトワーカー

TEL 03-6427-6268　FAX 03-6450-5978
E-mail info@lightworker.co.jp
ホームページ https://www.lightworker.co.jp

発売所／株式会社ナチュラルスピリット

〒101-0051 東京都千代田区神田神保町 3-2 高橋ビル 2 階
TEL 03-6450-5938　FAX 03-6450-5978

印刷所／モリモト印刷株式会社


ISBN978-4-909298-06-5 C0011